MEMORIAS DE CUBA

Ariel Français

MEMORIAS DE CUBA

LOGROS Y FRACASOS DE LA REVOLUCION CUBANA

Cubierta

Fotos del autor ilustrando varios episodios
de su estancia en Cuba

A mi amada esposa Monika, quien me acompañó a lo largo de los cinco años que pasé en Cuba y que compartió allá mis sueños, mis frustraciones y mis esperanzas

Índice

Paginas

Aviso al lector

Una reflexión sobre la revolución cubana

Estas memorias no son una auto biografía, ni un libro de historia, ni un ensayo político, sino un poco de los tres. Hubiera sido presuntuoso escribir mi biografía la cual, aunque interesante para ciertas personas, no agradaría el amplio público al cual dedico este libro. Hubiera sido quizás oportuno relatar los acontecimientos de aquellos cinco años de la historia de Cuba (1994-1999), pero no era mi propósito y otros estudiosos lo harán mejor. Hubiera sido tal vez relevante analizar todas las dimensiones de la revolución cubana, pero sería demasiado ambicioso para un libro de este tamaño. Sin embargo, este libro no es un simple relato de acontecimientos ni una compilación de recuerdos. Va más allá de lo vivido para abarcar una reflexión sobre el significado, el alcance y el porvenir de la revolución cubana.

Se han escrito numerosos libros, en muchos países y en varias lenguas, sobre la revolución cubana. También se redactarán muchos otros en los años que vienen. ¿Cuál sería por tanto el propósito, la especificidad y el valor agregado de este libro? Yo diría que su especificidad y su valor los debe al hecho de ser el relato y de contener los análisis de alguien que vivió en lo cotidiano una fracción de la historia de Cuba en una posición singular: la de representante de la Organización de las Naciones Unidas en aquel país. Existen, cierto, muchísimos escritos que relatan la vida en Cuba, que cuentan su historia, que analizan su evolución, que elogian sus logros o que critican sus fracasos. Pero casi todos son de periodistas, de analistas o de observadores exteriores. Mientras que los que han sido escritos por personas del interior de la isla, a menudo carecen de objetividad por ser instrumentos de defensa y de elogio de la revolución cubana o, al contrario, herramientas de acoso y de crítica de la experiencia revolucionaria.

La total objetividad, es cierto, no es de nuestro mundo y no pretendo producir aquí una obra que sea exenta de críticas. Como funcionario internacional y en mi calidad de representante de las Naciones Unidas yo estuve obligado a observar una estricta neutralidad en el ejercicio de mis funciones y también a cumplir con el llamado deber de reserva en lo que se refiere a la expresión de mis opiniones. Sin embargo, no escondo hoy que encaraba con cierta simpatía la experiencia cubana, por tener convicciones de izquierda y haber militado, en tiempos de mi juventud, en el partido socialista francés. Pero esto nunca lo manifesté cuando estuve en Cuba, aunque probablemente las autoridades cubanas - que todo lo sabían - lo supieran. Además, mi formación académica y mi trayectoria profesional siempre me han llevado a analizar los hechos de la manera más neutra y científica posible, para no caer en visiones o en posiciones partidarias cuando se trata de analizar situaciones políticas y procesos socio-económicos.

De hecho he vivido y analizado el proceso revolucionario cubano en una posición única: la de representante de una organización que se quiere universal y que se dedica a promover la paz y el desarrollo en el mundo, quiero decir: las Naciones Unidas [1]. En esa calidad tenía yo acceso a las más altas autoridades del país como también a las más humildes personas en la isla. Yo no representaba, como los embajadores, los intereses particulares de un país, pero tenía yo una agenda: la de la ONU y el mandato que tiene de la comunidad internacional. Tenía así acceso a informaciones y a lugares a los que representantes de países e intereses extranjeros no tenían. Pero para poder entender la naturaleza de aquella posición de actor y observador, única y excepcional, hay que comprender las funciones que yo desempeñaba entonces, las cuales son resumidas en la carta del secretario general de la Organización acreditándome en Cuba, que reproduzco en los anexos de estas memorias.

---

[1] Hay dos grandes categorías de representantes de la ONU en los países donde la Organización mantiene misiones : los representantes especiales del secretario general, quienes encabezan las misiones de mantenimiento de la paz (cuando el Consejo de Seguridad resuelve montar una operación de mantenimiento de la paz), y los coordinadores residentes de las Naciones Unidas, quienes coordinan el trabajo de la Organización y de sus instituciones especializadas en los países que han solicitado su presencia (todos los países en desarrollo y posteriormente, también, los llamados países con economías en transición). El coordinador residente, quien es designado por el secretario general, es también el representante residente del Programa de las Naciones Unidas para el Desarrollo (PNUD), órgano al cual yo pertenecía.

Agradecimientos

Quisiera agradecer a todos aquellos que me han ayudado a revisar este libro, cuestionando ciertas afirmaciones, corrigiendo los errores y mejorando el estilo, sin necesariamente compartir mis análisis y mis juicios. Mis agradecimientos van, en primer lugar, a Gloria López Morales - ex representante de la UNESCO en Cuba – y a Yuri Standenat - ex embajador de Austria en Cuba - quienes compartieron mi aventura cubana y me ayudaron a afinar las reflexiones que hago. Mi ex colega y amigo Marco Borsotti - quien tiene vínculos familiares en Cuba y quien terminó su carrera como coordinador residente de las Naciones Unidas en Rusia - me llevó a relativizar varias de mis afirmaciones. Dos otros amigos, sin vínculos particulares con Cuba, me ayudaron también a mejorar el manuscrito, tanto del punto de vista de la forma como del fondo. Son ellos Christian Comeliau - economista y académico distinguido, autor de varios ensayos críticos sobre el modelo económico imperante, y André Berruer, especialista en sistemas educativos y ex colaborador de la UNESCO, con amplia experiencia editorial. Finalmente, debo agradecer a Rodolfo Menéndez Menéndez, quien me ayudó a revisar el texto y a perfeccionar el estilo. A todos les expreso aquí mis más profundos agradecimientos.

Doce años después

Han transcurrido doce años desde que dejé Cuba y, según parece, nada ha cambiado. Sin embargo, muchas cosas son diferentes, aunque sin afectar básicamente la problemática del país. La isla sigue encantadora, por lo que continúa atrayendo a más de dos millones de turistas cada año. Los polos turísticos - el de Varadero en particular - continúan expandiéndose, generando las divisas y los recursos tan necesarios para el país. El patrimonio histórico y cultural de La Habana sigue siendo rescatado gracias a la labor incesante de Eusebio Leal, aunque muchas partes de la ciudad continúan deteriorándose. Las *jineteras* siguen recorriendo las calles y las playas en busca de oportunidades, aunque de un modo más discreto. Cuba se ha vuelto uno de los mayores destinos turísticos del mundo, gracias a la alianza objetiva entre sus fuerzas armadas revolucionarias - principal promotora de la industria turística - y las grandes cadenas hoteleras internacionales.

Sin embargo, la vida cotidiana del cubano no ha cambiado esencialmente. Los transportes han mejorado, pero siguen teniendo problemas severos, aunque hace poco se liberalizó el mercado de los carros particulares. El suministro de energía eléctrica continúa siendo igualmente problemático, pues todavía hay apagones en la isla. Hay mejoría en la alimentación y en el acceso de la población a los bienes de consumo, pero siempre escasea algo en las tiendas y en los circuitos de distribución. Los servicios públicos se han recuperado, pero la calidad de la educación y del sistema de salud dejan que desear. La situación de la vivienda sigue insatisfactoria, aunque también se liberalizó recientemente el mercado de los bienes raíces. Aunque millones de personas visitan el país, sus propios habitantes continúan virtualmente presos de la isla, con posibilidades de viajar al exterior todavía muy controladas y con información limitada a lo que difunden los medios oficiales. El uso del teléfono celular y el acceso a Internet se han ampliado, aunque todavía con muchas restricciones. No obstante, el cubano sigue siendo alguien sincero, ingenioso y alegre, pero todavía a la espera de un cambio fundamental que ocurrirá inevitablemente, sin que nadie sepa cuándo ni cómo.

Del otro lado del estrecho de Florida las cosas continúan inalteradas, a pesar de las medidas recién tomadas por la administración estadounidense para facilitar los intercambios entre los exiliados y sus familiares en la isla. Después de que Barak Obama asumió la presidencia en 2009 se abolieron las medidas que prohibían a los cubano-americanos viajar a Cuba y se redujeron las restricciones para el envío de remesas de fondos a cubanos en la isla. Además, se tomaron disposiciones para facilitar los intercambios académicos y culturales entre los países. Sin embargo, el exilio cubano sigue masivamente radicado en Miami, donde los nietos de los que se exiliaron se han americanizado y sólo sueñan poner el pie en la isla para hacer negocios y para disfrutar de las playas. La vieja generación contrarrevolucionaria está en vías de extinción - por lo que ya no promueve más agresiones hacia la isla, ni sueña más en expediciones paramilitares - pero sigue aún influyente en el congreso de los Estados Unidos: lo suficiente para paralizar toda tentativa de alivio al bloqueo contra Cuba y para perpetuar la presión sobre la isla.

La imponente presencia económica y militar de los Estados Unidos a menos de doscientos kilómetros de las costas cubanas- y hasta en la propia isla con la base de Guantánamo - sigue siendo un motivo de preocupación para el gobierno cubano, como lo ha sido desde el siglo XIX para todos los que lucharon por la independencia de Cuba. Las relaciones entre Cuba y los Estados Unidos siguen careciendo de cordialidad a pesar del fin de la guerra fría y del ramo de olivo varias veces tendido por el nuevo jefe del Estado cubano, Raúl Castro, que ha reiterado en varias ocasiones su disposición a dialogar con la potencia norteamericana. Si de hecho los Estados Unidos han concentrado su atención sobre los teatros de operación del Medio Oriente, siguen no obstante atentos a todo lo que ocurre en su traspatio subcontinental, sin perdonar además la afrenta que representó para ellos la propia revolución cubana. Por motivos tanto históricos como ideológicos, Cuba sigue siendo como una espina clavada en el pie de la superpotencia, por lo que nadie sabe como esta reaccionaría frente a disturbios o cambios profundos en la isla.

La economía cubana continúa recuperándose paulatinamente pero con una dualidad que no ha dejado de ampliarse. Gracias al turismo, al níquel, a los productos farmacéuticos y biotecnológicos, así como a la exportación de servicios - particularmente en el área de la salud - se registró hasta 2007 un ritmo de crecimiento del producto interno bruto sensiblemente elevado. Sin embargo, el país sigue muy dependiente de las importaciones de alimentos, de maquinarias y de petróleo, aunque la exploración *en aguas profundas* sugiere la presencia de inmensas reservas petrolíferas del lado del golfo de México que serían aprovechables por Cuba. En su conjunto, la economía cubana se ha recuperado en parte y se restableció la convertibilidad del peso cubano, pero la gran mayoría de las industrias tradicionales quedaron hasta hoy en estado de quiebra. La distancia entre los sectores dinámicos, vinculados al turismo y a la exportación, y los sectores tradicionales, vinculados al mercado y al consumo interno, se ha incrementado. La agricultura todavía no juega el papel que se espera de ella, a pesar de recientes redistribuciones de tierras ociosas a los campesinos y de los estímulos ofrecidos a este sector. Aunque el desempleo no sea visible ni insoportable, debido a los mecanismos de protección social que aun funcionan, existe un subempleo crónico de la población activa asociado a niveles bajísimos de productividad. Además, el mal congénito de la economía cubana, es decir su modo de administración, no ha sido todavía extirpado, a pesar de las medidas, tímidas, de rehabilitación del mercado introducidas hasta la fecha.

Del lado de la sociedad las cosas permanecen,

según parece, como estaban antes de que yo saliera de la isla. La sociedad cubana sigue siendo relativamente igualitaria, a pesar de las disparidades generadas por el acceso desigual a los recursos materiales y financieros así como por la corrupción y el mercado negro. Sin embargo, y a pesar de las predicciones y de los temores de los elementos más hostiles al proceso de cambio, no se ha constituido una pequeña burguesía ni tampoco una neo burguesía. Hay situaciones de acceso desigual a los recursos - y frustraciones para los que no consiguen resolver sus problemas del día - pero nada que pueda interpretarse como la formación de nuevos estratos o clases sociales. Por otra parte, la *nomenklatura* del régimen cubano permanece inalterada, gozando hasta hoy de los pocos privilegios que ya tenía. El mayor cambio que ha ocurrido es, sin duda, el generacional. La generación que hizo la revolución está a punto de desaparecer, mientras que los nietos de aquella camada no sienten ya ningún apego por lo que hicieron sus mayores: un problema bastante serio para el futuro de la propia Revolución.

En lo que se refiere a la apertura, Cuba consiguió con gran éxito romper el aislamiento en el que se encontraba. Las iniciativas que presencié durante el tiempo que estuve en Cuba se expandieron a lo largo de los años, tanto en los campos de la diplomacia como del comercio externo. Las relaciones económicas y comerciales con los países de la Unión Europea continuaron fortaleciéndose, a pesar de quedar pendiente y conflictiva la cuestión de los derechos humanos. Se anudaron nuevos vínculos económicos y de cooperación con los países asiáticos, particularmente con China y Vietnam. El mayor éxito sin embargo se registró en el campo de las relaciones con el Caribe y el subcontinente latinoamericano, favorecido por la llegada al poder en Venezuela del presidente Hugo Chávez y por la elección, en otros países, de toda una camada de dirigentes latinoamericanos más abiertos a la causa de Cuba (Brasil, Argentina, Bolivia y Ecuador, en particular). Se firmaron así varios acuerdos de cooperación entre Cuba y Venezuela y se instauró la Alternativa Bolivariana para América (ALBA), una alianza y una organización regional dedicadas a la cooperación económica y al desarrollo social entre países afines (Cuba, Venezuela, Bolivia, Nicaragua, Ecuador, República Dominicana y otros países de las Antillas). Además, todos los dirigentes latinoamericanos han reclamado a los Estados Unidos que se ponga fin al bloqueo contra Cuba y que cese el ostracismo contra la isla.

Finalmente, la cuestión de la transición hacia una economía más flexible y dinámica, por un lado, y hacia una sociedad más libre y tolerante, por el otro, ha quedado pendiente.

El modo de gestión de la economía cubana continúa siendo dirigista y poco atento a las señales del mercado, generando los desequilibrios crónicos y la escasez sistémica que lo caracterizan. El propio Fidel Castro reconoció en una entrevista publicada por la revista The Atlantic que *El modelo cubano ya no funciona ni siquiera para nosotros*" (septiembre de 2010). No obstante se están abriendo más espacios para la iniciativa privada, mientras que el Estado se retira de amplios sectores de actividad, conforme a las orientaciones decididas por el sexto Congreso del Partido Comunista de Cuba (abril de 2011). Se confirmó en aquella ocasión que el Estado iría suprimir medio millón de empleos públicos al mismo tiempo que se abrirían nuevas oportunidades para la iniciativa privada en el sector no estatal. Sin embargo no se trata de privatizar la economía para instaurar un sistema de tipo capitalista, ni de seguir los pasos del neoliberalismo, sino de administrar la economía según nuevas modalidades, como lo entendí cuando estaba en Cuba: un proceso muy lento y muy cauteloso que hasta hoy no termina de aterrizar.

La cara política del proceso de transición es de toda evidencia la más problemática, porque la evolución hacia de un sistema más abierto y más tolerante ni siquiera ha comenzado. El régimen cubano continúa siendo acusado de violar constantemente los derechos humanos, particularmente la libertad de expresión, de reunión y de asociación, a pesar de que se han excarcelado recientemente a muchos oponentes del sistema político. Raúl Castro ha reemplazado a su hermano Fidel en la cúpula del Estado y se ha rodeado de un nuevo equipo de fieles colaboradores procedentes de las fuerzas armadas. Se han promovido reuniones públicas y un amplio debate político en torno de los lineamientos presentados al sexto Congreso, pero la misma generación permanece en el poder sin que se vislumbren cambios significativos a nivel de los dirigentes ni modificaciones substanciales en el modo de funcionamiento de la democracia cubana. De hecho, la reivindicación a favor de un sistema político más participativo y más abierto al debate sigue todavía hoy sin respuesta, a pesar de que se han expresado muchas voces dentro y fuera del partido reclamando una mayor libertad de expresión y una democracia genuinamente participativa.

Mientras redacto este libro, aquellos dos grandes problemas quedan todavía por resolver para el futuro de Cuba, tal como los descubrí en 1994 llegando a la isla, y tal como los analizo ahora en el último capítulo de este libro.

Llegando a la isla

Cuando el avión que me llevaba a Cuba aterrizó en el aeropuerto internacional José Martí, aquel sábado 3 de septiembre de 1994, el cielo estaba bastante nublado, según recuerdo, y había probablemente llovido poco antes, como es común en la isla en aquella época del año. Nos habíamos posado entre cocotales y yo veía desfilar, tras la ventanilla, aquel paisaje tan típico de la isla. El edificio del aeropuerto nos esperaba al final de la pista. Era un edificio largo, bastante sobrio, de color gris, que lleva el nombre de José Martí - el héroe de la independencia de Cuba - escrito en grandes letras. Al salir del avión, al pie de la escalera, se encontraba Pedro Morales, el director de la cooperación multilateral del Ministerio de la Inversión Extranjera y de la Colaboración Económica (Minvec), el cual me esperaba para darme la bienvenida y acompañarme a mi futura residencia [2].

También me esperaban, en el salón de honor, los colegas de mi futuro "equipo" [3] : los representantes y

---

[2] La casa donde viviríamos estaba situada en la Avenida 17 del reparto de Siboney, el cual dio su nombre a un bolero hasta hoy muy famoso. El reparto era un barrio tranquilo y residencial, situado en la zona de Playa, al oeste de la ciudad, donde vivían muchos ricos antes del triunfo de la Revolución.

[3] El "equipo de país", como se le llama, tiene como misión el articular y optimizar el apoyo del sistema de las Naciones Unidas al país en función de objetivos prioritarios definidos conjuntamente con el gobierno. El papel del

directores de las diversas instituciones de la "familia de las Naciones Unidas" [4] acreditados en el país, reunidos para darme la bienvenida. Ellos eran, en aquella época: Luis Zúñiga para el UNICEF, Giuseppe Lubatti para el PMA, Augusto Simoes para la FAO, Hernán Crespo para la UNESCO y Miguel Márquez para la OMS [5]. Todos se habían desplazado para saludarme y asegurarme de su apoyo, lo que percibí como una manifestación de amistad. Debo abrir aquí una paréntesis, para saludar la memoria de Luis Zúñiga, un colega de un idealismo y de una dedicación excepcionales, quien murió posteriormente en una emboscada, el 12 de octubre de 1999 en el Burundi, donde el UNICEF lo había comisionado [6].

Regresando al día de mi llegada a Cuba, recuerdo que lo primero que hice saliendo del aeropuerto fue pasar a una *diplotienda* (tienda diplomática), acompañado por Guido Ordóñez - mi adjunto para el

---

coordinador residente es de constituir tal equipo, reunirlo periódicamente y hacerlo trabajar para que cumpla su misión.

[4] O más formalmente: el sistema de las Naciones Unidas.

[5] Seria fastidioso repetir constantemente en estas páginas el significado de las siglas y de los acrónimos de las diferentes entidades del sistema de las Naciones Unidas, por lo que invitamos al lector referirse a la lista de las siglas y de los acrónimos citados en este libro, la cual figura al final de la obra. Sin embargo, muchos de las siglas y de los acrónimos son conocidos del gran público.

[6] Al entrar en un campo de desplazados fue baleado sin piedad por un grupo de rebeldes cuando efectuaba una misión de rutina sobre el terreno. Recuerdo la dulzura de aquel colega, amigo mío, quien nunca se cansaba de trabajar, siempre se entusiasmaba por los niños y adoraba tocar el piano en sus horas libres. Un ser excepcional - como se encuentran muchos en las Naciones Unidas - al igual que aquel otro colega, también muy querido y recordado : Sergio Vieira de Mello, representante especial del secretario general de las Naciones Unidas en Irak, quien murió en el atentado cometido contra la misión de las Naciones Unidas en Bagdad, el 19 de agosto del 2003.

PNUD - y Pedro Morales - del Minvec - para comprar algunos productos de primera necesidad que me permitieran pasar el fin de semana, entre los cuales: enlatados, vino, papel higiénico y, sobre todo, velas. Digo velas, sí, porque uno de los principales problemas que enfrentaba la isla en aquel momento, sino el mayor, era la falta de electricidad. Estábamos, como lo aprendí después, en "un periodo especial en tiempo de paz" - así lo había definido en un discurso famoso el jefe del Estado, Fidel Casto Ruz - o como lo decían de manera más breve los cubanos: en "el periodo especial".

Lo que caracterizaba "el periodo especial" era la escasez de todo, principalmente de productos y suministros de primera necesidad, comenzando por la electricidad. Los "apagones", como los llamaba la gente en la isla, empezaban de repente y concluían de igual modo. Debía de haber alguna lógica en la manera en que se administraban los cortes de energía, pero para el hombre de la calle eran totalmente imprevisibles. La ciudad de La Habana se sumergía de noche en la total oscuridad y sólo se adivinaba en las puertas y en las ventanas abiertas las luces de unas pocas velas que también eran escasas. En el famoso y encantador malecón de La Habana, solo se veía de vez en cuando los faroles lejanos de un carro avanzando lentamente en la noche, porque también había pocos carros en estado de circular y, sobre todo, faltaba gasolina. En aquellos momentos La Habana parecía una ciudad muerta, silenciosa y abandonada. Los únicos lugares donde todavía había luz era en los hospitales y en los pocos servicios públicos considerados como altamente prioritarios. La comunidad extranjera contaba sin embargo con generadores para su propia energía doméstica, pero el que encontré en mi residencia estaba descompuesto y tuve que compartir con los habaneros varios meses de oscuridad antes de que Augusto Simoes, mi colega de la FAO, me trajera por avión uno nuevo de Miami.

En aquella época de mi llegada a Cuba, La Habana parecía una ciudad bombardeada. Muchos edificios estaban a punto de caer y se les mantenía de pie con lo que se podía encontrar de materiales de construcción y de fortuna, es decir no con mucho. Es cierto que los huracanes y las lluvias tenían su parte de responsabilidad en el deterioro de los inmuebles, pero la afectación principal se debía a la falta de mantenimiento que derivaba de la escasez generalizada que embargaba a la isla. El deterioro de los inmuebles se veía mucho a lo largo del malecón y en las calles que corrían atrás. También afectaba masivamente a La Habana vieja, el corazón colonial de aquella hermosa ciudad. Todos los predios se veían de color gris, con grandes grietas y otras marcas de desgaste. Felizmente quedaban los coches de los años cincuenta y las ropas extendidas en los balcones para salpicar de colores vivos toda aquella masa triste de construcciones maltrechas, dándole aquel toque de alegría que tanto caracterizaba a la ciudad, a pesar de sus pesares.

Como se encontraba poca cosa para comer y para vestirse, la gente comía poco y se vestía con lo poco que encontraba. La mayor parte de la comida estaba racionada y lo que no lo estaba solo se obtenía a precios altos en el mercado negro. Por lo tanto, había muchas personas flacas y algunas, muy flacas, sufriendo algunas de desnutrición crónica. La manera de vestirse también reflejaba la escasez, de un dominante color castaño o verde oliva, con prendas mal cortadas y de apariencia militar. La famosa *guayabera* era para los hombres como un uniforme, mientras que muchas mujeres vestían pantalones o shorts apretados, con camisetas estrechas, que mostraban los encantos de las que se alimentaban mejor. El transporte también era un problema: mucha gente se trasladaba a pie y también mucha en bicicleta, lo que contribuía según las bromas a mantener a las personas en forma. Había también largas filas esperando los *camellos* [7]. Sin embargo, también había *guaguas*, aquellas furgonetas tan típicas de La Habana que paran a cada rato para recoger pasajeros. Como resultado de tanta escasez y dificultades, la gente parecía triste, aunque en el fondo de su corazón se diría que conservaba aquella dignidad, generosidad y alegría que tanto caracteriza a los cubanos.

Fue en aquel contexto de escasez generalizada y de dificultades agudas que se dio "la crisis de los balseros", que presencié al llegar a Cuba. Aunque llegué al final de la crisis, pues los primeros incidentes ya habían estallado a principios de agosto cuando la policía se había opuesto a que una muchedumbre se acercara del puerto en donde individuos armados ya habían secuestrado tres veces "ferries" para abandonar la isla, me tocó todavía presenciar los preparativos de

---

[7] Aquellos autobuses hechos con dos vagones amarrados uno al otro, que daban a este medio de transporte la forma de un camello y que constituía en aquel momento la principal forma de transporte colectivo.

los llamados *balseros:* muchos jóvenes, casi indiferentes, andando hacia el malecón o el litoral con los materiales más diversos que uno pudiera imaginar. Las balsas con las que pretendían alcanzar Florida y que terminaban de armar en la orilla del mar eran hechas de madera, de latas, de bidones, de cámaras inflables, de cuerdas, de clavos, de sábanas y escasamente de un motor improvisado. Se echaban así al mar, mirando hacia el oeste, decididos a enfrentar la insolación, la deshidratación y los tiburones que frecuentan aquellas aguas. Muchos irían a morir en mar abierto y muchos otros terminarían en campos de retención improvisados por los norteamericanos, sin realizar su sueño: el de alcanzar un imaginario *El dorado*, donde supuestamente se vive mejor. Era un espectáculo de fin de mundo, o más específicamente de "fin de siglo", título elegido por Jean-Francois Fogel y Bertrand Rosenthal para describir el ambiente de la isla y analizar sus problemas en los tiempos que antecedieron mi llegada [8].

Me tocó vivir, por lo tanto, un periodo muy especial de la historia de Cuba. La imagen tan prestigiosa de la revolución cubana, admirada por el tercer mundo y adulada por los intelectuales de izquierda, estaba perdiendo vigor y consideración ante mucha gente. La propia isla estaba hundiéndose, igual a aquellos buques perdidos en mar abierto, que hacen

---

[8] Jean-François Foguel et Bertrand Rosenthal, « *Fin de siècle à La Havane, Les secrets du pouvoir cubain* » (Fin de siglo en La Habana, Los secretos del poder cubano), Editions du Seuil, 1993.

agua por todas partes y que tratan desesperadamente de salvar lo que se puede. Un pueblo sufrido continuaba a bordo, sin gran esperanza de cambiar las cosas pero determinado a vivir. Y un comandante, a ningún otro parecido, permanecía aferrado al timón de la nave.

Al llegar a Cuba, yo no había recibido instrucciones particulares por parte de las Naciones Unidas fuera de lo que se espera, en general, de un representante de la Organización, o sea: analizar los problemas del país y estar atento a las aspiraciones de su pueblo, dialogar con el gobierno y con las instituciones locales para hallar soluciones a los problemas y, finalmente, implementar iniciativas y programas que respondieran a los desafíos nacionales. Tal como descubrí a Cuba, en septiembre de 1994, mi misión en aquel país me pareció evidente: era imperativo apoyar el proceso de recuperación económica, era imprescindible consolidar los logros sociales y, finalmente, era necesario acompañar el proceso de apertura hacia el mundo exterior. Tales fueron mis líneas de trabajo durante los cinco años en que permanecí en la isla. Tales fueron también los desafíos que confronté y que me llevaron a reflexionar sobre aquella experiencia única que constituye la revolución cubana.

La revolución eterna

En Cuba hay una palabra clave. Es *Revolución*, así con mayúscula. Todo comienza y todo termina con la Revolución, una palabra que tiene fuertes connotaciones históricas pero que es, más allá del concepto, una forma de pensar, de vivir y de superarse (como también de odiar, para los que no se conformaron con lo que acarreó). La Revolución es un estado de trance permanente, una praxis política constante, un hecho consubstancial que nunca acaba. No hay lugar en la isla en donde uno no tope con ella. Y cuando se recorre el país, siempre se encuentran inmensos carteles representando escenas de la rebelión o de la resistencia, como aquel - por la carretera de La Habana hacia Matanzas - que muestra a Fidel organizando la resistencia ante a la invasión de Playa Girón [9]. La Revolución es el pasado de Cuba, es su presente y también es su futuro. Por esto es que el palacio presidencial, y la plaza monumental que se extiende a sus pies, llevan ambos el nombre de Revolución. Por esto también se crearon museos que celebran la Revolución, como el propio museo de la Revolución - en el centro de La Habana - o como el pequeño museo de Playa Girón, que conmemora la

---

[9] Lo que los estadounidenses llaman el desembarco de la Bahía de los Cochinos.

resistencia del pueblo cubano ante la agresión estadounidense. Por esto igualmente se menciona tres veces el término de Revolución en el propio preámbulo de la constitución cubana.

Una de las primeras cosas que me impactaron al llegar a Cuba es la importancia de la historia y de los historiadores. Todos los pueblos tienen su historia y todos aprendimos la propia en nuestros textos y en los eventos que se organizan para conmemorarla. Sin embargo nunca conocí un país en el que los historiadores tengan un papel tan protagónico como en Cuba. En la mayoría de los países un historiador es un distinguido académico, abstraído normalmente en sus investigaciones y a veces famoso por sus análisis y su interpretación de los acontecimientos. En Cuba es mucho más: el historiador es el que documenta la historia del país, el que la cuenta y el que la celebra. Pero la celebración de la historia en Cuba es mucho más que su simple conmemoración: es casi una misa, una liturgia dedicada al patriotismo y a las luchas por la independencia de la isla. Conocí llegando a Cuba a Eusebio Leal, el historiador de La Habana [10], el más prestigioso de todos los historiadores, muy querido por algunos y muy odiado por otros debido a su personalidad y a su creatividad. Eusebio Leal - con quien desarrollé una relación de trabajo y personal muy estrecha durante mi estancia en Cuba [11] - era y sigue

---

[10]   Muchas ciudades tienen su propio historiador, el cual ocupa un cargo oficial.

[11]   Implementamos diversos proyectos con Eusebio Leal para promover la recuperación y el desarrollo de varios barios del casco histórico que mencionaré más adelante. También conferimos a Eusebio Leal el título

siendo un incansable trabajador dedicado a rescatar el casco viejo de La Habana y a resucitar aquella parte de la capital. Estaba también muy activo en el ámbito de la cultura y de la promoción de las artes, por lo que mi colega y muy querida amiga Gloria López Morales - representante de la UNESCO en Cuba - apoyaba aquella dimensión de su activismo. Es por conducto de Eusebio que descubrí la historia de la isla: no la que uno aprende en los libros sino la que nos hace vibrar por sus relatos, sus retratos y sus imágenes. Siempre escuché sus palabras con mucha atención por su talento oratorio y la riqueza de su discurso.

Comprendí así que la Revolución fue el punto culminante de un largo proceso de luchas por la emancipación de Cuba, que comenzó en 1868 con el levantamiento liderado por Carlos Manuel de Céspedes [12] al grito de "Patria o Muerte", y que duró diez años a pesar de la feroz represión conducida por la Corona de España [13]. Comprendí igualmente como la Revolución echó raíces en la frustrada guerra por la independencia, que comenzó en 1895 con el *Manifiesto de Montecristi* [14] - proclamado por José Martí y Máximo Gómez - y

honorífico de "Embajador de buena voluntad del PNUD" en reconocimiento a su labor y dedicación al desarrollo humano.

[12] Carlos Manuel de Céspedes dio inicio al primer levantamiento, liberando y armando los esclavos de su ingenio de Demajuaga y conseguido su primera victoria en Yara. Fue el primer presidente de la "República en Armas".

[13] Las tropas españolas practicaban ejecuciones sumarias, incendios de pueblos, deportaciones de mujeres y de niños.

[14] El Manifiesto de Montecristi, redactado por José Martí, el padre de la independencia, exponía los propósitos de la guerra "justa y necesaria".

que acabó con la ocupación de la isla por las tropas estadounidenses, en 1898, después de la derrota de la flota española por la armada de Estados Unidos [15]. Entendí por qué se conmemoran y se lloran hasta hoy a todos los héroes de aquellas luchas: Agramonte, Calixto García, Céspedes, Maceo, Martí así como todos los *mambises* [16] que murieron en los combates por la independencia de la isla. Comprendí finalmente por qué la casi anexión de Cuba por los Estados Unidos desencadenó la propia Revolución, un proceso dirigido a derrumbar el régimen dictatorial de Batista y a fomentar la independencia total de la isla en relación a la potencia norteamericana. Entendí el significado profundo de aquella nueva lucha, que comenzó en julio de 1953 con el ataque a los cuarteles de Moncada [17], que se reanudó en diciembre de 1956 con el desembarque del Granma [18], que prosiguió en 1957 con

---

[15] Después de la misteriosa explosión del acorazado Maine en la bahía de La Habana los Estados Unidos declararon la guerra a España, destruyeron las flotas españolas frente a Manilla y a Santiago de Cuba y ocuparon la isla. Con el Tratado de Paris (diciembre de 1898) los Estados unidos se apoderaron de la Filipinas y de Puerto Rico y colocaron a Cuba bajo tutela.

[16] Nombre dado a los que lucharon por la independencia de Cuba en el siglo XIX.

[17] El ataque a los cuarteles militares de Moncada, el 26 de julio de 1953, fue el primer acto de insurrección emprendido por Fidel Castro con un grupo de 200 hombres y 2 mujeres. Muchos murieron o fueron ejecutados mientras que Fidel Castro fue preso y condenado a 19 años de penitenciaria.

[18] Después de ser amnistiado en 1955 Fidel Castro se exilió en México donde constituyó un grupo de 80 combatientes con los cuales desembarcó en Cuba, con el yate *Granma*, en diciembre de 1956.

la guerrilla en la Sierra Maestra [19], que se expandió en 1958 con la progresión de las columnas guerrilleras en el llano [20] y que culminó con la huida de Batista y la llegada de Fidel a La Habana [21].

Todos aquellos acontecimientos son hasta hoy conmemorados hasta en los mínimos detalles. Los monumentos en La Habana y en las capitales provinciales recuerdan los sacrificios de los mártires de la independencia y celebran los hechos históricos de la Revolución. José Marti [22], el héroe y padre de la patria, tiene su monumento en la propia Plaza de la Revolución mientras que la casa donde nació, en el casco histórico de La Habana, es religiosamente conservada y visitada. Ernesto Che Guevara, el guerrillero heroico, tiene su propio monumento en la ciudad de Santa Clara, la que tomó con su columna rebelde, precipitando la caída de Batista. El vínculo

---

[19] Sorprendidos por la tropas de Batista, solo doce hombres escaparon al desembarque del Granma, entre los cuales, Fidel y Raúl Castro, Ernesto *Che* Guevara y Camilo Cienfuegos. Se refugiaron en la Sierra Maestra donde organizaron la guerrilla y el ejército rebelde.

[20] En el año de 1958 se formaron las columnas rebeldes, las cuales dirigidas por Raúl y Fidel, en el oriente, y el *Che* y Camilo Cienfuegos, hacia el occidente, invadieron toda la isla, derrotando al ejército de Batista.

[21] El presidente y dictador Fulgencio Batista huyó de La Habana el 31 de diciembre de 1958, a la media noche, mientras el *Che* y las tropas rebeldes invadieron la capital el 1o de enero y Fidel Castro entró en La Habana el 8 de enero de 1959.

[22] Escritor y hombre político, José Martí es considerado como el padre de la independencia de Cuba. Fundó el Partido Revolucionario de Cuba, inició la "guerra para la independencia" y murrio en combate, en mayo de 1895, en la batalla de Dos Ríos.

entre las luchas por la independencia y la Revolución es constantemente recalcado en todas las publicaciones y correspondencias oficiales. Recuerdo que en 1995, el primer año después de mi llegada a Cuba, casi todas las cartas que me mandaban los ministros - así como todos los ejemplares del órgano oficial del Partido Comunista de Cuba, el diario *Granma* - tenían impreso en su membrete : "Año del centenario de la caída de José Martí". En 1997, cuando se conmemoró el retorno de los restos mortales del Che a la isla los membretes se referirían al "Año del 30 aniversario de la caída en combate del guerrillero heroico y sus compañeros". Y en 1999, cuando Salí de Cuba, los membretes celebraban el "Año del 40 aniversario del triunfo de la Revolución". Finalmente, y para completar la analogía entre independencia y Revolución, cabe mencionar que los discursos en los actos políticos y en los eventos oficiales casi siempre terminaban con las famosas palabras oriundas del primer levantamiento: ¡Patria o muerte! ¡Venceremos!

Fuera de sus raíces históricas, la celebración de la Revolución está íntimamente asociada a la figura de su comandante en jefe, Fidel Castro Ruz - del cual hablaré más adelante - y al culto del *Che*. Hablo de "culto" - aunque al *Che* no le hubiera gustado la imagen - porque hay una especie de veneración por el famoso guerrillero, cuyo retrato - realizado por el fotógrafo Alberto Korda - es mundialmente conocido. No encontré por supuesto al Che, porque ya hacía tiempo que lo habían ejecutado en Bolivia, pero llegué a conocer a su hija en una reunión de Asociación Cubana para las Naciones Unidas (ACNU) a la cual había acudido. Para mí el *Che* era una figura legendaria que había atormentado mi generación, una generación en la que muchos soñaban románticamente unirse un día a una guerrilla.

En Cuba, que *el Che* había dejado para continuar su combate, su presencia quedaba omnipresente. Por donde uno caminaba, siempre encontraba al comandante Ernesto "Che" Guevara: en los murales, en los retratos, en los carteles, en las revistas, en los libros, en las playeras y en canciones, como la que recuerda su "querida presencia": *¡Hasta siempre Comandante!* Sin embargo, asistí con mi esposa al regreso de sus restos mortales, en octubre de 1997, durante las ceremonias que marcaron el 30 aniversario de la caída en combate del "guerrillero heroico" y de sus compañeros. Las ceremonias culminaron con un acto político militar en la ciudad de Santa Clara, aquella misma ciudad donde el *Che* y su columna de guerrilleros habían derrotado a las últimas unidades del ejército de Batista, incluyendo el famoso tren blindado. Días antes de la ceremonia central, los restos mortales del *Che* habían recibido el homenaje del pueblo cubano en el Monumento a José Martí, donde se había invitado al cuerpo diplomático y donde habían desfilado, varios días seguidos, cientos de miles de personas.

Recuerdo que con el fin de asistir al acto central, el Ministerio de Relaciones Exteriores nos había convocado en la madrugada para llevarnos en autobús a la ciudad de Santa Clara. Yo era de los pocos jefes de misión que venían acompañados por su cónyuge, pues yo había insistido que mi esposa asistiera a la ceremonia porque esta tendría un carácter histórico y excepcional. Llegamos a Santa Clara cuando amanecía el día y subimos los escalones que llevaban hacia el impresionante monumento dedicado al *Che*. Había un gran mural blanco de piedras esculpidas, representando al *Che* y a su columna de guerrilleros. Había también una imponente estatua del *Che*, representándolo armado sobre un pedestal donde estaba escrito, en letras doradas: "Hasta la victoria siempre". De lo alto del monumento se veía a la inmensa plaza que había sido nombrada "Ernesto Che Guevara" y donde una muchedumbre esperaba que se iniciara la ceremonia. Recuerdo que todo era silencioso y que solo se oía, de vez en cuando, el zumbido de un helicóptero que sobrevolaba la explanada.

La ceremonia aquel día comenzó a las 9:00 hrs. de la mañana, con la llegada de los restos mortales del *Che* y de sus compañeros - todos cubiertos con banderas cubanas y rodeados por arreglos florales - en remolques tirados por jeeps militares, que pararon frente al monumento. En lo alto, en donde nos encontrábamos, estaban todos los líderes históricos de la Revolución, los dirigentes del partido y los miembros del gobierno, muchos de ellos acumulando aquellas tres funciones. Estaba naturalmente Fidel y su hermano Raúl Castro, los comandantes históricos de la Revolución, los jefes militares de las fuerzas armadas y muchas otras personalidades políticas como Ricardo Alarcón - el presidente de la Asamblea Nacional - o Carlos Lage - el secretario del Consejo de ministros. Como era de esperarse, el comandante en jefe tomó la palabra y pronunció un discurso para homenajear al

Che y a sus compañeros. Fidel habló poco más de una hora - según recuerdo - pausadamente, sin emociones pero con imágenes fuertes, para evocar la figura del *Che* y de sus compañeros. La ceremonia terminó con un desfile militar y un desfile de grupos civiles. Uno de los destacamentos vestía, según recuerdo, el uniforme de los *mambisas*. Al acabar el desfile visitamos el mausoleo, donde el *Che* descansaría en paz y para siempre.

Mucho se ha escrito sobre el *Che*, su vida y su personalidad. Su mirada profunda, su figura romántica y su carácter tenebroso lo han convertido en una leyenda para todos aquellos que soñaban, cuando eran adolescentes, en movimientos insurreccionales y en revoluciones sociales. Algunos han escrito que el *Che* no fue aquel guerrillero romántico y austero, tal como lo retratan muchos relatos, sino un personaje duro y sanguinario que mandó ejecutar a cientos de oponentes. Otros, al contrario, lo describen como un ser profundamente humano y sensible a la miseria de los pueblos. Una cosa es cierta: no gustaba de honores y privilegios, ni de altos cargos políticos o administrativos, prefiriendo dedicarse a la lucha armada en los campos de batalla de lo que entonces se llamaba el tercer mundo[23]. Fue por esto que terminó perseguido,

---

[23] Aunque nunca hubo divergencias públicas entre el *Che* y Fidel sobre el rumbo de la Revolución se adivina, a través de la secuencia de los acontecimientos, que no compartieron en cierta altura la misma visión del futuro. El *Che* quiso internacionalizar la revolución cubana criando focos revolucionarios en el llamado tercer mundo mientras que Fidel se dedicó a consolidar la revolución en la isla, optando por su integración en el entonces llamado campo socialista. Según parece, el apoyo de Fidel a la epopeya del *Che* fue mínimo.

capturado y ejecutado por las fuerzas bolivianas, en octubre de 1967, en el pueblito de La Higuera, después de haber intentado implantar focos revolucionarios en el Congo y, luego, en Bolivia. Mucho se ha especulado sobre su captura. A mí me dijeron en Cuba que Regis Debray era responsable de su muerte, ya que habría contribuido de una forma u otra a su localización y captura [24]. De cualquier forma, queda hoy y para siempre la leyenda del *Che*: la del guerrillero totalmente dedicado a la lucha armada y la figura más carismática de la revolución cubana al lado de Fidel Castro.

No cabe duda de que el triunfo de la Revolución fue para la generación que vivió y participó en aquel acontecimiento histórico un tiempo de inmensa emoción. Para convencerse, basta echar un vistazo a las fotos tomadas en aquella época por el gran fotógrafo Alberto Korda, conocido en el mundo entero por su retrato del *Che*. La famosa foto del "Quijote de la farola" y muchas otras fotos de muchedumbres aclamando al nuevo liderazgo muestran cuánto aquel acontecimiento despertó el fervor del pueblo cubano. El triunfo de la Revolución fue el gran momento de toda una generación: la que contribuyó a la caída del régimen de Batista, la que llevó al poder a Fidel y a sus compañeros y la que se movilizó para defender la Revolución. Toda aquella generación vivió

---

[24] Contrariamente a lo que yo hubiera pensado, el filósofo y escritor francés Regis Debray, quien se unió a la guerrilla del *Che* en Bolivia, no era muy popular en Cuba. Algunos piensan que cometió imprudencias y otros que habló una vez capturado por el ejecito boliviano, lo que iría a contribuir a la captura del *Che*.

intensamente la Revolución y luchó para defenderla. Fue un cambio radical que permitió a millones de campesinos, pobres y analfabetas, acceder a la salud y a la educación y mejorar su vida cotidiana. Fue una ruptura radical con un pasado hecho de explotación económica, de corrupción política y de represión policial. Fue también el punto de partida de la emancipación total de la isla en relación a los Estados Unidos, una emancipación que iría transformándose en una confrontación cotidiana con la ex potencia tutelar.

No obstante, la minoría privilegiada que de una forma u otra sacaba provecho del régimen de Batista no vivió aquellos eventos con el mismo fervor. Decenas de miles de personas salieron de Cuba en el primer año de la Revolución y la mayoría se instaló en Miami, del otro lado del estrecho de Florida. Salieron así de Cuba todas las personas comprometidas con el antiguo régimen, que temían ser enjuiciadas o aprehendidas. Pero también salieron personas que estuvieron en desacuerdo con las medidas políticas y económicas tomadas por las nuevas autoridades o que temían que el nuevo rumbo de la isla les llevase al "comunismo". Entre estas últimas, hubo personas que habían luchado en las filas de la insurgencia pero que rechazaban las nuevas orientaciones y que tuvieron que dejar la isla. Así se constituyó en Miami una segunda Habana, poblada por una "contra generación" exilada, animada por el resentimiento y por el deseo de revancha, y que hasta hoy vive y prospera del otro lado del estrecho. Así se constituyó también el mecanismo bajo el cual todo gobierno estadounidense depende de un poderoso grupo de presión cubano-americano que, hasta hoy, dicta sus condiciones en el congreso de los Estados Unidos.

Sin embargo, la mayor incógnita que enfrenta hoy Cuba no es tanto la de la transición política y de los cambios económicos - de los cuales trataré más adelante - sino la de la transición demográfica. La generación de la Revolución - la que la hizo y la que la defendió - está a punto de desaparecer. Fidel Castro, quien renunció al más alto cargo del Estado en febrero de 2008, debido a una grave operación y a su estado de salud, tiene pocos años de vida frente a sí. Su hermano Raúl, quien tomó su sucesión, ya se encuentra en una edad avanzada. Y es igualmente el caso de toda la generación histórica de la Revolución, la cual desaparecerá biológicamente en los próximos años. Los problemas que surgirán en aquel contexto pueden resumirse en tres interrogantes: ¿Que pasará con las generaciones que siguen? ¿Cuáles serán sus compromisos con la Revolución? y ¿Qué cambios imprimirán en el rumbo de la isla? Para intentar descifrar el futuro es necesario, según mi entender, distinguir dos camadas generacionales: la que creció con la Revolución y la que sigue.

La generación que creció con la Revolución está en su mayoría comprometida con su defensa. Esta generación no participó directamente en el "triunfo de la Revolución" ni en la exaltación de aquel periodo, pero se crió dentro de la Revolución y fue beneficiada por ella. Esta generación accedió masivamente a la educación y una gran parte de ella completó estudios secundarios y universitarios. Asimismo, esta generación continúa en gran parte activa hoy, ocupando puestos de trabajo y cargos de responsabilidad en todo el país. Incluso si la situación económica y social de la isla sigue siendo hoy bastante difícil, está intuitivamente convencida de que tendría más que perder que ganar si se cambiaran drásticamente las reglas del juego. En la realidad, esta generación aspira a cambios pragmáticos que permitan consolidar lo que les dio la Revolución y, al mismo tiempo, aumentar el nivel de vida y los espacios de libertad dentro del sistema político y social. Es una generación, yo diría, pragmática que ya se encuentra en los mandos intermedios del país y que podría sin dificultades entenderse con la misma camada generacional del exilio, la cual está más preocupada hoy por hacer negocios con Cuba que por subvertir el orden en la isla.

La generación que sigue no tiene por el contrario, en su gran mayoría, ningún compromiso con la Revolución. Para ellos la Revolución ya es un hecho del pasado, algo abstracto, que está escrito en los libros, de lo que se habla en los discursos pero que poco tiene que ver con la vida cotidiana. Son ellos los nietos de la Revolución, quienes ciertamente se han beneficiado de ella, pero que no sienten ninguna deuda ni afecto con respecto a aquel acontecimiento. Son de cierta manera "apolíticos", porque no se sienten atañidos por los debates o por las orientaciones políticas del país. Son bastante parecidos a aquellas otras camadas de jóvenes actuales en el mundo, que consideran la vida política como algo de otra generación y de otro universo, que no les concierne directamente. La puerta de salida y el éxito son para ellos de naturaleza individual, no colectiva. Esta generación aspira a más brillo, a más colores, a más imágenes y a más diversión, como aquella que vive del otro lado del estrecho de Florida. Por esto ve a los Estados Unidos como una especie de *El Dorado* y muchos sueñan con exilarse allá.

El futuro de la Revolución dependerá mucho de cómo se atenderán las aspiraciones de las generaciones post revolucionarias. ¿Será esta capaz de adaptarse y de abrir nuevos espacios a los anhelos de los que no vivieron aquel gran momento de la historia de Cuba? Intentaré hallar algunas respuestas en el último capítulo de este libro.

El peso del exilio

Cuando se aborda el tema de Cuba con personas que nunca han vivido allá - o que sólo estuvieron en la isla unos pocos días - estas casi siempre proyectan la imagen de un país flagelado por la pobreza y oprimido por una dictadura férrea de donde huye la gente. Este cliché, que satisface a los espíritus sencillos y que rechaza cualquier análisis serio de las causas profundas del exilio, no explica por qué cientos de miles de personas salieron de Cuba en distintas épocas, a veces colectivamente o a veces individualmente, por razones y por motivaciones que nada tienen que ver con una ecuación tan simple. En la realidad, hay tantas razones y motivaciones para salir de Cuba como personas exiladas, cada cual con su historia y su itinerario individual, aún si en diferentes momentos de la historia del país ciertos factores fueron colectivamente determinantes. De modo que el exilio cubano no es un proceso con causa única y sencilla, sino un fenómeno complejo que se manifestó a través de una sucesión de crisis asociadas a percepciones individuales y colectivas.

La primera onda masiva de salidas fue indudablemente provocada por la Revolución. En aquella época salieron masivamente del país todos aquellos que temían por sus intereses o que no se conformaban con los cambios promovidos por el nuevo régimen. Había sin embargo, en aquella primera onda, personas con perfiles y motivaciones muy diferentes. Destacaré, por una parte, el grupo de aquellos que salieron de la isla por motivos económicos y sociales: porque las reformas emprendidas por el nuevo régimen dañaban sus intereses y que más les valía exilarse del otro lado del estrecho de Florida, esperando que la Revolución fracasara, sin tener que soportar la cotidianeidad de un proceso que encontraban abominable. Fue masivamente en el caso de los terratenientes, de los dueños de ingenios y de toda una camada de gente que, por razones diversas, sacaba provecho de la especulación y de la corrupción que imperaban en el tiempo de Batista. A aquel grupo de "privilegiados" se agregó parte de la clase media, la cual también tuvo miedo de los cambios en curso y terminó optando por el exilio. No obstante, había otro grupo poco homogéneo, de naturaleza política. Se encontraban en él, por supuesto, los que habían apoyado al régimen de Batista y que huyeron antes de ser aprehendidos. Pero también se hallaban, por contra, todos aquellos que habían apoyado el proceso revolucionario pero que se encontraron en desacuerdo político con las orientaciones tomadas por la nueva cúpula dirigente. Aquellos dos grupos - el de los exilados económicos y el de los políticos, en realidad bastante heterogéneos - formaron la primer gran oleada del exilio cubano.

Sin embargo, la segunda y la tercera olas migratorias hacia los Estados Unidos tuvieron causas y características bien diferentes de la primera. La segunda se originó en Mariel [25], un puerto distante unos treinta kilómetros de La Habana. De allí salieron en barco, entre abril y octubre de 1980, alrededor de 125.000 cubanos hacia Miami [26]. Aquellas salidas fueron autorizadas y hasta promovidas por el gobierno cubano, el cual buscó, según parece, presionar a las autoridades estadounidenses para que dejaran de incentivar la emigración clandestina hacia Estados Unidos [27]. Parece también que el régimen cubano deseaba deshacerse de todos aquellos que, de una forma o de otra, no se conformaban más con los objetivos de la Revolución o no se sentían bien en la sociedad cubana. Aquella ola migratoria, instrumentada como una purga por el régimen cubano, generó varios problemas a los Estados Unidos, país que tuvo que absorber la masa de exilados [28], en la que iban numerosos delincuentes, enfermos mentales y otras personas indeseables.

La tercera ola migratoria se generó durante el verano de 1994, como resultado de las inmensas dificultades económicas que Cuba tuvo que enfrentar al derrumbarse el llamado "campo socialista". Fue en aquel contexto que se dio la "crisis de los balseros" [29],

---

[25] El exilio de Mariel se dio después del incidente ocurrido en la embajada de Perú, en La Habana, la cual fue invadida por un grupo de peticionarios de asilo y a la que acudieron después miles de personas. Al darse aquel incidente Castro declaró que cualquier persona que desease salir de Cuba lo podría hacer.

[26] Una flotilla improvisada por los familiares cubanos radicados en Miami.

[27] En aquella época, a cada cubano que pisaba el suelo norteamericano se le otorgaba automáticamente el derecho a residencia.

[28] Se les llamaron *los marielitos*.

[29] La "crisis de los balseros" estalló el 5 de agosto de 1994, cuando la policía se opuso a que una muchedumbre se acercara al puerto de La Habana, de donde individuos armados ya habían en tres ocasiones secuestrado

que presencié a mi llagada a Cuba. El fenómeno de los
"balseros" no era nuevo pues miles de personas ya
intentaban cada año salir clandestinamente de la isla
para alcanzar las orillas de Florida. Sin embargo,
cuando las dificultades económicas y sociales
alcanzaron un pico a mediados de 1994, el fenómeno se
transformó en un éxodo masivo. De hecho, en los días
que siguieron a los primeros asaltos a barcos para salir
de la isla, miles y miles de cubanos se lanzaron al mar
con medios improvisados para atravesar el estrecho de
Florida [30] . De nuevo, el gobierno cubano declaró con
cierto cinismo que no se opondría a las salidas mientras
que los Estados Unidos continuaran incentivando la
emigración ilegal hacia su territorio. Después de
varias semanas de crisis, durante las cuales la
administración Clinton fue forzada a contener un flujo
masivo de balseros, se llegó a un acuerdo mediante el
cual se controlaría de ambos lados el flujo de personas
hacia los Estados Unidos y no se otorgaría más un
"asilo" automático a los exilados cubanos [31].

Los que salieron de Cuba a principios de la

---

embarcaciones para abandonar a la isla. Después de los secuestros de los
ferries y de los enfrentamientos del 5 de agosto, Fidel Castro declaró que su
gobierno no se opondría más a salidas ilegales hacia los Estados Unidos,
mientras que aquel país no tomara medidas para disuadir dichas salidas.
[30] Se estima a unas 30.000 las personas que salieron hacia Estados Unidos
durante la referida crisis, muchos de los cuales terminaron retenidos por las
autoridades norteamericanas en campos de retención (en Guantánamo, en
particular).
[31] Con el acuerdo migratorio del 9 de septiembre de 1994 ambos países se
comprometieron a controlar la emigración hacia los Estados Unidos y a
impedir el uso de la fuerza por parte de los que salían ilegalmente. Los
Estados Unidos se comprometieron además a no otorgar más el asilo
"automático" a los exilados cubanos y a facilitar la inmigración legal en una
cuota de 20.000 ingresos por año.

Revolución dejaron atrás todo su patrimonio de manera que, entre el abandono de aquellos bienes y las medidas de nacionalización, quedó en manos del Estado y de la población un inmenso patrimonio de ingenios, de fábricas, de casas y otro tipo de inmuebles. De modo que las nacionalizaciones no fueron solamente el resultado de un posicionamiento ideológico - en la realidad poco manifiesto en aquellos tiempos - sino mucho más de la necesidad imperativa para el nuevo régimen de administrar aquellos bienes y de relanzar la actividad económica. Surgió de esta forma el primer litigio entre el exilio y la Revolución: el de la indemnización de los bienes expropiados, litigio que fue posteriormente incorporado - bajo la presión de los grupos cubano-americanos - en la propia legislación del "bloqueo" contra Cuba [32]. Al tema de la indemnización de los bienes expropiados se sumó el de la restitución de las casas y edificios administrados por el Estado o simplemente ocupados por la población, como consecuencia de la salida de sus antiguos propietarios. Mucha gente en Cuba se volvió propietaria de hecho de aquellos apartamentos y casas abandonadas. Me tocó vivir en una de ellas, administrada por el Estado pero sin duda reclamada por sus antiguos dueños [33]. De modo que la indemnización

---

[32] Ver: El imperio cercano.

[33] Mi residencia, en la cual vivieron todos mis predecesores, era administrada por el Ministerio de la Inversión Extranjera y de la Colaboración Económica (Minvec), el cual manejaba todavía un amplio parque inmobiliario en el que se alojaban anteriormente los cooperantes soviéticos. Casi todos los diplomáticos vivían en casas administradas por Cubalse, la empresa estatal dedicada a rentar casas a extranjeros. Había también un gran parque de "casas de Protocolo" administrado según parece por el Consejo de Estado, casas que servían para hospedar invitados especiales.

de los bienes expropiados y la restitución de las casas y edificios a sus antiguos propietarios constituye todavía hoy un obstáculo mayor para la reconciliación nacional, ya que muchos cubanos de la isla temen a su vez que sus propias viviendas sean expropiadas a favor de los antiguos dueños.

Sin embargo, el antagonismo entre el exilio y la Revolución fue también de orden político y militar, revistiendo una intensidad muchísimo más elevada que la que podía observarse en el área puramente patrimonial. Muchos cubanos del exilio soñaron con la revancha y muchos de ellos se organizaron para tal fin. Aquellos constituyeron amplios viveros para los servicios secretos estadounidenses - la CIA en particular [34] - y para las fuerzas armadas norteamericanas. De este modo - y gracias al exilio - se montaron operaciones encubiertas y se constituyeron fuerzas paramilitares que hostigaron no solamente a Cuba sino también a los regímenes revolucionarios de América Central. Los más famosos ejemplos de implicación del exilio cubano en operaciones militares promovidas por la potencia norteamericana fueron, en Cuba, el propio desembarque en playa Girón (en el que participaron masivamente los elementos contrarrevolucionarios del exilio), y en Nicaragua el apoyo a favor de la *Contra* (en el que se movilizaron mercenarios cubanos para prestar asistencia militar y para apoyar operaciones con recursos del narcotráfico).

---

[34] La Central Inteligence Agency empleó muchos cubanos, no solamente para agredir al nuevo régimen revolucionario sino también para montar operaciones subversivas o de contra-insurrección en los países latinoamericanos, particularmente en América Central.

A aquellas operaciones, organizadas por y a favor de los Estados Unidos, se sumaron los actos de propaganda, de desestabilización, de sabotaje y de terrorismo promovidos por los grupos contrarrevolucionarios más radicales del exilio [35]. El más sangriento de todos fue el atentado cometido en octubre de 1976 contra el vuelo 455 de Cubana de Aviación, que provocó la muerte de las 73 personas que iban a bordo [36].

Me tocó presenciar dos crisis relacionadas con el activismo de los grupos contrarrevolucionarios. La primera ocurrió en febrero de 1996, cuando dos Migs de la fuerza aérea cubana derribaron a dos avionetas manejadas por pilotos del llamado grupo *Hermanos al Rescate*, el cual ya había arrojado en el pasado panfletos políticos sobre la ciudad de La Habana [37]. El derribo provocó un rebote de tensión entre Cuba y Estados Unidos y una polémica en torno de la acusación según la cual los pilotos de caza habrían disparado fuera de las aguas territoriales cubanas. También se acusó a Cuba de hacer un uso desproporcionado de la fuerza mientras que el derribo

---

[35] Según el gobierno cubano aquellos grupos paramilitares - como por ejemplo el grupo Alfa 66 - fueron responsables de más de 700 incursiones armadas en la isla desde el principio de la revolución.

[36] El vuelo 455 explotó entre Barbados y Jamaica debido al estallido de dos bombas colocadas a bordo. El atentado fue atribuido a la CORU, un grupo contrarrevolucionarios liderado por Orlando Bosch. Este último y su cómplice Luis Posada Carriles -anteriormente vinculado a la CIA - escaparon hasta hoy a la justicia.

[37] Las avionetas derribadas el 24 de febrero de 1996 eran dos Cessna 337 en las que murieron cuatro tripulantes de *Hermanos al Rescate*, un grupo liderado por José Basulto, implicado anteriormente en misiones humanitarias de rescate de balseros pero también en actos de propaganda política contra el régimen cubano.

de las avionetas fue condenado por una resolución del Consejo de Seguridad de las Naciones Unidas. Después del incidente el exilio en Miami se enfureció y Jorge Mas Canosa, el poderoso presidente de la Fundación Nacional Cubano Americana, declaró que aquello debía ser considerado como un acto de guerra contra los Estados Unidos. Se organizaron ceremonias en memoria de los muertos y se mandaron flotillas de barcos hacia las costas de Cuba en señal de protesta, arriesgando nuevos incidentes. En cuanto al fondo, se especuló mucho en la esfera diplomática sobre las intenciones reales del gobierno cubano: ¿Tratábase aquello de un incidente "programado", para reanudar con un clima de tensión entre Estados Unidos y Cuba y congelar un proceso de apertura que estaba incomodando a los sectores más duros del partido comunista? ¿O era un simple disparo de aviso por parte de Cuba, para que el exilio entendiera que no se pueden cruzar ciertas líneas? Hasta hoy no hay respuestas claras a aquellas interrogaciones. Lo único que se sabe es que el incidente precipitó la adopción de la ley Helms-Burton [38] que endureció el bloqueo contra Cuba y que el exilio no volvió más a provocar tan descaradamente a las autoridades de la isla.

La segunda crisis que presencié fue cuando se desencadenó una serie de atentados con bomba en los hoteles y restaurantes de La Habana, promovidos, según se supo después, por el propio Luis Posada Carriles, el ex agente de la CIA y presunto "cerebro" del atentado terrorista contra el vuelo 455 de Cubana de

---

[38] Ver: El imperio cercano.

Aviación. El día 4 de septiembre de 1997, mi amigo Jean-Luc Bodin, primer consejero de la embajada de Francia, llamó a mi Oficina para alertarme de que una bomba acababa de estallar en el hotel Copacabana donde se encontraba mi esposa y donde su propia esposa iba a encontrarla. Salí corriendo al Copacabana, el cual no estaba muy distante de mi oficina, para descubrir que el lobby del hotel estaba cubierto de pedazos de vidrios y con manchas de sangre. Sólo había muerto una persona [39] pero pudiera habido sido mucho más grave. Por suerte mi esposa y nuestra amiga Dominique no fueron lastimadas aquel día. La primera se encontraba en la piscina del hotel, a unos cien metros del lobby, cuando explotó la bomba, y la segunda iba entrar al lugar en aquel mismo momento. Felizmente, aquella campaña de atentados se acabó poco tiempo después [40]. Aspiraba obviamente a crear un clima de terror para perjudicar al turismo.

La ciudad de Miami y sus habitantes están, como ya lo recalqué, estrechamente vinculadas al exilio. Cuando uno llega al aeropuerto internacional de Miami los propios oficiales de inmigración no hablan en inglés sino en español. En aquella ciudad se concentra la mayoría de los que se exilaron a Estados Unidos, con la presencia de casi un millón de cubanos en la aglomeración. Los grupos económicos del exilio, sus grandes organizaciones [41], sus maquinarias de *lobby*, sus

---

[39] Un joven empresario italiano llamado Flavio di Celmo.

[40] Cuando arrestaron a Ernesto Cruz León, el autor de los atentados cometidos en julio y septiembre de aquel año.

[41] El Center for a Free Cuba, el Cuba Democracy Caucus, la Cuban American National Foundation, el Cuba Liberty Council y el US-Cuba Democracy PAC.

congresistas y sus elementos contrarrevolucionarios, todos radican en Miami. La ciudad es como una segunda La Habana (como se sabe, su barrio más latino se llama "Little Habana"). Y, como lo subrayaba con cierta malicia un diplomático estadounidense, el condado de Dale, donde la ciudad está ubicada, tenía en aquella época un PIB superior al de Cuba [42]. De aquel centro promocional - que desafiaba a La Habana desde el otro lado del estrecho de Florida - salían todas las iniciativas políticas que buscaban aislar a Cuba, castigar los esfuerzos de la isla y derrocar a su régimen. Aquel centro era en particular la sede de los grandes medios de comunicación anti-castristas, comenzando por Radio y TV Marti (subvencionados por el Congreso norteamericano) y sin olvidar el El Nuevo Herald (afiliado al Miami Herald), menos radical pero siempre hostil al gobierno de Cuba.

Los cubano-americanos eran muy influyentes en los grandes centros de decisión, nacionales e internacionales. Estaban muy presentes en el congreso de los Estados Unidos - donde tenían en promedio ocho congresistas [43] - y en la propia administración federal. Igual sucedía en los organismos internacionales más sujetos a los Estados Unidos. Me llamó mucho la atención que cuando visité el Fondo Monetario Internacional (FMI) en octubre de 1996, para explorar

---

[42] Producto Interno Bruto.

[43] Había en el Congreso dos senadores y cuatro representantes cubano-americanos, entre los cuales Mario Díaz -Balart e Ileana Ros-Lehtinen, los dos republicanos y ambos muy involucrados en acciones contra el gobierno cubano. Ileana Ros-Lehtinen solía en particular mandar faxes a las embajadas con sede en La Habana para que ejercieran presiones sobre las autoridades de la isla.

las posibilidades de cooperación técnica entre el Fondo y Cuba [44], quien me mando llamar para discutir el tema de Cuba no fue el servicio a cargo de la cooperación técnica sino el departamento operativo para el hemisferio occidental ¡el cual era casi totalmente dirigido por cubano-americanos! Me entrevisté así con no menos de tres cubano-americanos, todos con altos cargos ejecutivos [45], los cuales estaban esencialmente preocupados en saber cuánto iría a recaudar Cuba como recursos del turismo y que me parecieron algo molestos cuando les indiqué que el sector contribuirá posiblemente con más de 800 millones de dólares en aquel año [46]. Es anecdótico pero ilustra cómo y cuánto el exilio tenía influencia en Washington, inclusive en aquellas instituciones internacionales supuestamente independientes.

Llegado a este punto de mis observaciones uno podría preguntarse por qué tantos cubanos, sobre todo jóvenes, siguen intentando salir de la isla o sueñan con hacerlo. Decir, como lo afirman algunos, que la gente huye del régimen político no tiene mucho sentido porque todos los que eran opuestos a la Revolución salieron a principios de los años 60 y todos los que no se conformaron con el nuevo régimen tuvieron de

---

[44] Solo quería explorar posibilidades de cooperación puramente técnica en sectores donde Cuba estaba iniciando reformas (ministerios económicos, banco central, etc.), pero resultó sin perspectivas ya que Cuba no era ya miembro del FMI.

[45] En particular con Ernesto Hernández-Cata, que era entonces el director adjunto del Departamento para el Hemisferio Occidental.

[46] En la realidad, la cifra de ingresos brutos del turismo rebasó en aquel año los 1.300 millones de dólares, con más de un millón de turistas registrados en la isla.

nuevo la oportunidad de hacerlo en 1980. En realidad la inmensa mayoría de los cubanos que se exilan hoy no lo hacen por motivos políticos sino económicos. La gran mayoría de la población en Cuba se dice hoy satisfecha con lo que logró socialmente la Revolución. Le gustaría sin embargo, como lo veremos más adelante, más apertura política, un debate contradictorio y más libertades civiles y políticas. Pero no aspira a un cambio político radical ni a la "democracia de mercado" como se la practica en muchos países. La frustración del cubano es esencialmente económica: falta recurrente de productos esenciales, escasez de la oferta y necesidad de moverse ilegalmente en el mercado negro para satisfacer las necesidades básicas. Todo lo que desea hoy el cubano es salir de la sociedad de penuria donde se encuentra encerrado, para vivir más a gusto.

En tal contexto, la proximidad de una economía de consumo y de desperdicio, como la economía estadounidense, ejerce efectos devastadores sobre el ánimo de la población cubana : porque del otro lado del estrecho de Florida hay o parece haber de todo, porque hay millones de carros circulando y que la gasolina no es un problema, porque los supermercados desbordan de comida y de mercancías, porque las ciudades se iluminan de noche con mil colores sin que les afecte un apagón, porque en cada esquina hay un Mac Donald y Coca Cola y porque cada producto proyecta con su marca y con su diseño una profusión de ilusiones. Basta comparar, para entender esta ultima característica de la sociedad de consumo, un tubo de pasta dental cubano con el de cualquiera marca extranjera al país. El de

Cuba es de aluminio gris, triste, sin diseño y sin colores ¡Ni dice que es pasta dental, aunque tenga el mismo color y el mismo sabor que cualquier otra pasta! Fuera de Cuba, el tubo es colorido, alegre, tiene diseños y contiene en su embalaje y publicidad promesas inagotables de salud y de felicidad. En una economía de mercado capitalista, gracias a los medios de comunicación de masa y a la publicidad, cada consumidor se proyecta en un universo virtual en el que termina alienado. Uno no compra solamente mercancías sino también ilusiones y aquellas ilusiones, aunque virtuales y artificiales, actúan como una droga. En Cuba no existe aquella droga y a los cubanos sin embargo les falta, solo porque nunca la probaron. Por esto muchos cubanos sueñan con salir de la isla, en busca de ilusiones, aun si al despertar el universo que encuentran es muy diferente del que soñaban.

Nos tocó, a mí y a mi esposa, comprobar tales desilusiones en un restaurante de Miami, donde viajábamos a menudo para comprar allá todo los que nos faltaba en la isla [47]. En aquella noche cenábamos con un amigo - el cónsul de Brasil en La Habana - que también había viajado a aquella ciudad para hacer algunas compras. Al final de la cena fuimos rodeados por los meseros y el personal de la cocina que se habían enterado que veníamos de Cuba. Todos eran cubanos y recién llegados. Todos querían saber de Cuba y cada

---

[47] Íbamos periódicamente a Miami en los primeros años de nuestra estancia en Cuba para comprar todo lo que no encontrábamos en la isla. Al final de cada visita el personal del aeropuerto de Miami casi siempre nos preguntaba con mucha seriedad y algo de hostilidad porque diablos queríamos regresar a un "país comunista".

cual quería dar su opinión. No les interesaba tanto la situación política, aunque cada uno opinase sobre Fidel. Lo que les interesaba más era la vida diaria en la isla y cómo iban las cosas por allá. Muchos habían salido en pos del sueño estadounidense pero en su mayoría reconocían que no era tan hermoso como lo habían imaginado. La vida era dura y había que trabajar muchas horas. Si uno no trabajaba, se moría de hambre, y si uno se enfermaba con pocos recursos, no había hospital donde acudir. Echaban de menos a Cuba aunque no les quedase otra opción más que batallar para sobrevivir en aquel universo capitalista que habían creído color de rosa. Terminamos la noche a las tres de la mañana porque no nos dejaban salir y no paraban de hablar de Cuba que tanto echaban de menos.

La dignidad humana

Si tuviera que recalcar la mayor conquista de la revolución cubana, yo diría sin duda alguna: la dignidad humana. Se han resaltado innumerables veces los logros de la Revolución en lo que se refiere a la educación, a la salud y a las demás conquistas sociales. Pero lo que más caracteriza la revolución cubana en todo lo que logró - comparándola con otras revoluciones y procesos de cambio contemporáneos - es la conquista de la dignidad para cada persona. Dicha conquista no tiene precio y sería imposible medirla con indicadores socio-económicos o con parámetros socio-políticos. Es algo intangible e inmaterial, pero al mismo tiempo tan fuerte y tan perceptible que uno no puede negarlo cuando se topa con aquel estado de la condición humana, como me ocurrió a mí en Cuba.

Sin embargo, hay que reconocer que esta conquista ha florecido sobre una tradición de rebeldía y que se ha nutrido más un siglo de luchas contra la corona de España, continuadas contra el imperialismo norteamericano. Eso explica que el cubano sea por naturaleza orgulloso sin ser vanidoso, desprovisto de complejos sin ser descarado y sincero sin ser indefenso. Pero si estas características de la idiosincrasia cubana eran las condiciones necesarias para que un pueblo rebelde accediera a la independencia, no eran suficientes para que ganara la dignidad, a la que accedió con la propia Revolución. La gran diferencia entre el "antes" y el "después" de la Revolución fue el acceso en masa a la dignidad, a través del reconocimiento de que cada cubano es una persona respetada, honrada e igual a las otras y gracias a la materialización de las medidas institucionales y socio-económicas que fueron necesarias para fomentar tal estado. Antes de la Revolución, la gran mayoría de la población cubana vivía en situación de subordinación económica, de precariedad social y de ignorancia educacional. La gran mayoría era pobre en el sentido que se le da hoy al concepto de pobreza [48] en los llamados países en desarrollo, donde todavía prevalece la miseria y el analfabetismo.

Recuerdo que cuando acompañé a James Gustav Speth - el administrador del PNUD - durante su visita oficial a Cuba [49] el presidente Fidel Castro hizo cuando

---

[48] Se elaboró mucha literatura sobre el concepto de pobreza y sobre su definición, principalmente en torno de los Objetivos del Milenario para el Desarrollo, adoptados en la Cumbre del Milenario (Naciones Unidas, Septiembre del 2000). El criterio central, definido originalmente por el Banco Mundial, es el umbral de menos de un dólar de ingreso *per cápita* para la llamada pobreza absoluta. Sin embargo, dicho criterio es muy limitado y muy relativo, por lo que instituciones como el Programa de las Naciones Unidas para el Desarrollo (PNUD) han añadido otras dimensiones como la educación y la salud, que entran como variables complementarias para la medición del "desarrollo humano" (el "índice de desarrollo humano" conceptualizado por el PNUD). Muchos estudios han añadido más criterios como, por ejemplo, la capacidad de las personas o las comunidades de influir sobre su propio futuro (un concepto muy relacionado con el de democracia participativa).

[49] El administrador del Programa de las Naciones Unidas para el Desarrollo visitó Cuba en julio de 1998, visita durante la cual se familiarizó con programas y proyectos apoyados por el PNUD y otras instituciones del sistema de las Naciones Unidas. Se entrevistó con miembros del gobierno y fue recibido por el jefe del Estado.

nos recibió una aclaración en forma de chiste que hasta hoy no deja de encantarme. Estábamos reunidos en una de aquellas salas del palacio de la Revolución donde el presidente solía recibir delegaciones extranjeras, en la cual estaba también presente Carlos Lage - el secretario ejecutivo del Consejo de Ministros - Ibrahim Ferradaz - el ministro de la Inversión Extranjera y de la Colaboración Económica - y Felipe Pérez Roca - por aquel entonces secretario particular del presidente. Al inicio de la reunión Gus Speth felicitó al presidente por haber erradicado la pobreza en su país, lo que constituye hasta hoy para el PNUD la más alta de las prioridades en el mundo. Fidel Castro le respondió entonces sin vacilar: "Nosotros no hemos erradicado la pobreza en Cuba, sino que la hemos distribuido de manera más equitativa". Aquel juego de palabras, para los cuales Fidel era muy hábil, era también muy revelador de cómo él mismo percibía la primera conquista de la Revolución. Me hizo pensar en la visión que tenía Jean-Jacques Rousseau [50] de la sociedad ideal: una sociedad en la cual "ningún ciudadano sea tan rico como para poder comprar a otro, y ninguno tan pobre como para ser forzado a venderse". Porque, en realidad, el gran logro de la revolución cubana no es solamente el haber sacado de la pobreza a millones de personas, sino también de haber dado la posibilidad a todos de sentirse y de comportase como seres iguales, respetados y en definitivo dignos.

---

[50] Jean-Jacques Rousseau (1712-1778), filósofo y escritor, fue uno de los mayores pensadores del "siglo de las luces" y padre espiritual de la revolución francesa. Su obra maestra, "El contracto social", influenció en aquella época a todos los revolucionarios.

Insisto aquí sobre el hecho de que Cuba no es un país pobre, como lo creen por ignorancia, ausencia de curiosidad o falta de capacidad analítica muchas personas [51]. No, Cuba no es un país pobre, porque tiene recursos minerales y naturales en abundancia (níquel y posiblemente mucho petróleo en su plataforma marítima, especies acuáticas de toda índole, playas vírgenes y extensas, etc.), infraestructuras de transporte y de comunicación ya desarrolladas (aunque deterioradas), tierras con un amplio potencial agropecuario (con predominio todavía de la caña de azúcar), un parque industrial relativamente diversificado (aunque en parte paralizado), una infraestructura turística en plena expansión y un polo de investigación científica mundialmente reconocido (medicina y biotecnologías en particular). Tampoco el pueblo cubano es pobre porque la gente es cuidada e instruida, porque todos tienen techo y acceso al agua, porque nadie es dejado en la indigencia y porque cada cual tiene el derecho de expresarse en su trabajo y de participar en la construcción de la sociedad de mañana. El problema de Cuba no es la pobreza sino la escasez sistémica que impera en la economía, agravada por el "bloqueo" que asfixia a la isla desde hace más de medio siglo. De hecho, el talón de Aquiles de Cuba no es la pobreza, sino la gestión de su economía, como lo analizaremos más adelante.

Sin embargo, Cuba era pobre antes de la

---

[51] Las cuales confunden pobreza con bajo poder adquisitivo -expresado en divisas fuertes - como también confunden pobreza con falta de productos de gran consumo, como lo veremos más adelante.

Revolución, al igual que todos aquellos países supuestamente "en desarrollo" que no consiguieron todavía hoy extraerse de la miseria. El pueblo en el campo vivía en chozas con techos de paja, no tenía acceso al agua potable ni a condiciones sanitarias decentes, era analfabeta e ignorante, mal se vestía y se alimentaba, no tenía acceso a hospitales ni a servicios de salud y sobrevivía con recursos muy escasos. Antes de 1959, el 43 % de la población cubana era analfabeta y el 44 % nunca había asistido a la escuela, apenas el 8 % recibía asistencia médica por parte del Estado, el 36 % se hallaba parasitada y solamente el 4 % comía carne. Como lo escribió Fidel Castro refiriéndose a aquella época: "De tanta miseria sólo es posible librase con la muerte; y a eso sí los ayuda el Estado: a morir" [52]. Cierto, en las ciudades los ricos y la clase media vivían bien. Hasta el punto de tener, según dicen, el mayor nivel de vida de toda América Latina. Pero era una minoría privilegiada, más vinculada al exterior del país por el manejo de sus recursos y su modo de vida que a los intereses del pueblo cubano. Así que Cuba no dejaba de ser un país pobre, globalmente, al igual que todos aquellos países llamados en desarrollo que todavía hoy reproducen aquel patrón dual de mucha miseria asociada a la riqueza de una minoría privilegiada.

Conocí personalmente la pobreza y la miseria en muchos de los países donde viví cuando era niño [53] o

---

[52] Fidel Castro, "*La Historia me absolverá*", Editorial de Ciencias Sociales, La Habana, 1981.

[53] África Oriental, en particular, donde mi padre sirvió como cónsul general, antes de seguir su carrera como embajador de Francia.

donde serví y trabajé cuando me volví adulto [54] . Uno no es pobre porque no puede comprarse todo lo que le da la gana (siempre existe un límite al poder adquisitivo, excepto tal vez para el grupo muy selecto de los multimillonarios, cuya capacidad de despilfarro parece ilimitada). Tampoco uno es pobre porque le faltan alimentos o productos de primera necesidad, como suele ocurrir en Cuba (sin ser "pobres" muchos pueblos europeos también conocieron durante la segunda guerra mundial y la ocupación carencias agudas de alimentos y de productos de primera necesidad). No, uno es pobre porque sólo tiene un techo de paja o de lámina para ponerse a cubierto hasta que la primera tormenta se lo lleve. Es pobre porque tiene que recorrer kilómetros para llevar el agua a la choza o porque la que tiene en el río es insalubre y llena de parásitos. Es pobre porque la casita donde vive no tiene instalaciones sanitarias y porque, entre las moscas y las bacterias, hay poca oportunidad de escapar a las enfermedades. Es pobre porque se le quita su tierra, porque se reseca el suelo o porque le azotan las plagas, y no tiene más como alimentarse. Es pobre porque se enferma y no tiene condiciones para curarse ni de acudir a un hospital. Es pobre porque tuvo que dejar su aldea y no encontró trabajo en el barrio bajo, donde encontró refugio. Es pobre porque no recibió educación y no tiene posibilidades de escapar a su condición. Es pobre porque es ignorante, porque es explotado por los

---

[54] Brasil en particular, donde serví como consejero técnico del ministerio francés de relaciones exteriores, y posteriormente Mozambique, Guinea Bissau, Senegal y Gabón donde serví en las Naciones Unidas, sin olvidar a varios países de África del Norte y Medio Oriente, en los que también trabajé o que visité .

que poseen los recursos y porque no tiene condiciones para defenderse. Y finalmente es pobre porque se encuentra preso en el círculo vicioso de la miseria de la cual no tiene ninguna posibilidad de salir.

No obstante, la conquista de la dignidad en Cuba sólo fue posible porque se crearon condiciones y se implementaron políticas dirigidas hacia la emancipación política, económica y social de todo el pueblo. Un ser pobre, humilde y a pesar de todo honrado no puede sentirse digno si no tiene un techo para abrigarse, ropa para vestirse, comida para alimentarse, agua para beber y asearse, acceso a cuidados médicos y el beneficio de una educación por lo menos primaria. Además, no puede sentirse digno si no se le da la posibilidad de hablar, de ser oído y de participar plenamente en la vida social y política de la comunidad. Pues todo esto se ha logrado en Cuba con la Revolución. Se tomaron medidas para que toda la población tuviera un techo o fuera propietario de su propia vivienda. Se invirtió masivamente en el agua potable y en el saneamiento, como también en la electrificación rural, para que cada hogar tuviera agua y electricidad así como condiciones sanitarias decentes. Se aplicaron políticas y medidas para que cada cual tuviera una canasta mínima de productos alimenticios y de primera necesidad [55]. Se formaron decenas de miles de médicos para prevenir las enfermedades

---

[55] La famosa "libreta", gracias a la cual cada cubano tiene derecho a una canasta de alimentos básicos (como el arroz, el frijol, el azúcar, etc.) y productos de aseo (como el jabón, la pasta dental, etc.), el todo por unos pocos dólares mensuales. Sin embargo, en el "periodo especial", el volumen de la canasta disminuyó drásticamente debido a las dificultades económicas.

transmisibles y tratar a los enfermos [56]. Se alfabetizaron cientos de miles de personas y se generalizó el acceso a la enseñanza primaria y secundaria en el país [57].

Como resultado de aquellas iniciativas, el nivel de matrícula en relación a la población escolar alcanzaba en 1995 el 100 % en la enseñanza primaria (contra 45 % en 1958) y el 92 % en la enseñanza secundaria (contra 9 % en 1958). En 1992, la tasa de matrícula combinada en educación primaria, secundaria y superior era de 65 %, mientras que la tasa de alfabetización en adultos alcanzaba el 95 %. Los logros en el sector de la salud no fueron menores. En 1995, la esperanza de vida al nacer alcanzaba los 76 años (contra 65 años en 1962), la mortalidad infantil había bajado a 9 ‰ (contra 42 ‰ en 1962) y la mortalidad materna a 33 ‰ (contra 120 ‰ en 1962). A principios de los años '90 había un médico para 330 habitantes, mientras que el 98 % de la población tenía acceso a agua potable y servicios de salud y el 92 % acceso a saneamiento. Sin embargo, y para ser objetivo, hay que reconocer que en ese entonces no se había todavía acabado con el importante déficit habitacional de la isla, que permanecían aún significativos desniveles de desarrollo social entre el campo y la ciudad y que, debido al "bloqueo" estadounidense y a la crisis económica, se había deteriorado la calidad de la vivienda, de la educación y de la salud, sin hablar de la

---

[56] En 1970 había un médico para 1.393 habitantes y en 1995 pasó a un médico para 193 habitantes.
[57] La campaña de alfabetización lanzada a principios de la Revolución permitió alfabetizar unas 700.000 personas, fundamentalmente en las zonas rurales.

escasez generalizada de alimentos y productos de primera necesidad, que analizaré más adelante.

Los logros de Cuba en los frentes de la educación y de la salud eran seguidos día tras día por el propio comandante en jefe, Fidel Castro Ruz, que nunca dejaba de anunciarlos públicamente, como un comunicado de victoria, tratándose de los niveles de matricula escolar o del último avance de Cuba en el campo de la mortalidad infantil (de hecho, cada vez que el índice de mortalidad infantil mejoraba de unas décimas de punto). Él se interesaba también por todos los avances del país en el área de la biotecnología y de la ingeniería genética, donde Cuba ha invertido muchos recursos humanos y financieros. Además, no dejaba de ofrecer médicos cubanos a otros países, cada vez que ocurre una catástrofe natural. Por otro lado, seguía muy de cerca todos los indicadores sociales que el PNUD publicaba cada año en su Informe sobre el Desarrollo Humano [58], los cuales solía usar en sus propios discursos para denunciar las injusticias en el mundo y hacer llamados para que se les pusiera fin.

La educación y la salud eran por lo tanto dos sectores muy cuidados de la política gubernamental,

---

[58] El PNUD pasó a publicar cada año a partir del 1990 un informe mundial sobre el desarrollo humano, una iniciativa a la cual contribuí personalmente cuando propuse en 1986 al administrador de entonces, William Draper III, de publicar un informe anual que analizaría los grandes retos del desarrollo mundial (no sólo en términos económicos, como venía haciéndolo el Banco Mundial, sino también en términos sociales). La idea fue posteriormente desarrollada por el economista Mahbub Ul Haq, el cual concibió el famoso índice de desarrollo humano (IDH) y promovió el informe anual del PNUD como instrumento de medición del desarrollo humano.

confiados a ministros de confianza y supervisados personalmente por el jefe del Estado. Conocí muy bien al ministro de educación, Ignacio Gómez, con quien desarrollé lazos de amistad durante mi estancia en la isla [59]. Era el responsable de un sector clave para el desarrollo del país y lo hacía con mucha dedicación. Conocí también bastante bien al ministro de salud, Carlos Dotres, que tenía igualmente una gran proximidad con el jefe del Estado, quien seguía muy a menudo los progresos en aquel sector. Fidel Castro participaba además en casi todas las conferencias y eventos internacionales relacionados con la salud cuando Cuba los acogía, como por ejemplo el IV Seminario internacional de atención a salud (noviembre de 1995) en el que habían sido invitados Nafís Sadik, la directora ejecutiva del FNUAP, y Hiroshi Nakajima, el director general de la OMS.

Me pareció importante en los años que serví en Cuba documentar aquella dimensión del desarrollo del país, pues era misión del PNUD promover un desarrollo "humano sostenible" en el mundo, teniendo además instrucciones - como todos los representantes de la Organización - de facilitar las investigaciones y la publicación de los logros a nivel nacional, con el propósito de promover reflexiones y nuevas iniciativas en el área. De hecho, y como lo indiqué más arriba, aquellos logros eran impresionantes en el caso de Cuba. Al respecto, considero que la publicación en Cuba de un informe nacional sobre el desarrollo humano fue uno

---

[59] Poco después de llegar en Cuba Ignacio Gomes me invitó a visitar la provincia de Santa Clara, con nuestras esposas, incluyendo un recorrido en la ciudad de Santa Clara y en los cayos de aquella provincia que nos encantó.

de los éxitos de mi misión en aquel país [60]. Tuve en primer lugar que enfrentar al aparato burocrático y convencer a nuestra contraparte, el Minvec [61], del interés del ejercicio (del cual no estaba nada convencido). Busqué, con Miguel Márquez - el ex representante de la OMS en Cuba retirado en la isla - apoyos para el proyecto en el mundo académico (del cual él sería el coordinador principal). Lo logramos en la persona de Osvaldo Martínez, el director del Centro de Investigación de la Economía Mundial (CIEM), que ya conocía en su calidad anterior de ministro de Economía y Planificación y que aceptó, como director de aquella institución, patrocinar el proyecto, confiándolo a los investigadores del Centro. Fue para mí el inicio de una colaboración intelectual muy fructífera con el mundo académico, la cual involucró el CIEM y la Universidad de la Habana y que me valió al salir del país la recompensa y título honorífico de *Profesor invitado* de dicha universidad [62].

No cabe duda de que a pesar de los problemas del "periodo especial" - de los que hablaré más adelante - Cuba realizó avances considerables en el área del "desarrollo humano". Gracias a aquellos logros se materializó la dignidad a la que aspiraba el pueblo cubano, una conquista que difícilmente puede apreciar la joven generación porque la vive como algo natural. El cubano de hoy en día es una persona sana, instruida

---

[60] Investigación sobre el desarrollo humano en Cuba - 1996 - editada por Caguayo S.A., 1997, en la que se encuentran la mayoría de los indicadores sociales mencionados en este capítulo.

[61] Ministerio de la Inversión Extranjera y de la Colaboración Económica.

[62] Ver: El comandante en jefe.

y sin complejos, además de ser abierta y calurosa. Habla fuerte y muy rápido, con las " *rrr* " muy pronunciadas que caracterizan tanto su acento. Discute de todo y se interesa en todo, a pesar de que no se le permita cuestionar "la Revolución" ni cruzar ciertas líneas, como lo analizaré más adelante. Pero fuera de estas últimas limitaciones - importantes, debo reconocerlo - en Cuba se puede hablar de todo, criticar a los dirigentes, cuestionar orientaciones y discutir de cualquier asunto. Además, todas las grandes decisiones de orden político, económico y social son el objeto de amplias consultaciones en los centros de trabajo o comunitarios, acarreando una amplia participación en los procesos de decisión. Así lo quiso la Revolución, en términos de experiencia y de praxis política, y así lo quieren los propios dirigentes cubanos hoy, porque la participación activa de cada ciudadano en la vida comunitaria, sea en el barrio, sea en la empresa, sea en la cooperativa o en cualquier otra unidad productiva o comunitaria se ha vuelto parte de la cultura política y social del país.

Esto yo lo viví personalmente durante los numerosos recorridos que hice en la isla, durante mis visitas a instituciones y a proyectos, durante giras a fábricas y a cooperativas y en ocasión de mi presencia en actos políticos y en reuniones de trabajo. En todos aquellos lugares y en todas aquellas reuniones nunca encontré personas calladas, tímidas o con miedo de hablar. Cierto, había el ritual del "compañero": todos se dirigían a los compañeros allá presentes y todos se consideraban como compañeros. De mi mismo decían: "el compañero Ariel", aunque estaba allá en mi calidad de funcionario internacional. Pero esto no me molestaba, porque sentía que era algo natural. No me ponían en un pedestal, como el representante distante de la ONU en el país. Era yo igual a ellos y ellos no expresaban obsequiosidad alguna ni sentían ninguna inferioridad en relación al cargo que yo ocupaba. Esto nunca hubiera pasado en otros países en donde los que no tienen grados y los humildes suelen callarse. Esto ocurría en Cuba porque allí todos se sienten iguales y porque la Revolución les había dado la dignidad.

La escasez sistémica

Lo señalé y lo repito: Cuba no es un país donde reina la pobreza. Sin embargo, y aunque muchas personas confundan los dos conceptos, Cuba es un país donde impera la escasez. En términos económicos, yo calificaría a Cuba de economía de penuria porque, visible y masivamente, ahí impera la escasez. Cuando llegué a la isla, en septiembre de 1994, prevalecía una penuria crítica, la cual se explicaba, a mi ver, por tres factores de mayor relevancia: el desplome del llamado campo socialista, la agudización del embargo norteamericano y la incapacidad de la economía cubana de responder a las necesidades básicas de la población, todo ello en proporciones difíciles de estimar.

En aquellas alturas, el desplome del llamado campo socialista fue el factor más evidente. La integración forzada y progresiva de Cuba en el "campo socialista" - y en lo que constituía en aquellos tiempos el CAME [63] - había permitido a la isla a escapar a los efectos inmediatos del embargo estadounidense a principios de la Revolución y lograr cierta independencia en relación a la economía norteamericana. Frente a la agresividad de los Estados

---

[63] El Consejo de Ayuda Mutua Económica, el cual constituía, antes del derrumbe del "campo socialista", el marco de cooperación económica y comercial de los países que lo integraban.

Unidos - y sin que aquello resultara al principio de una orientación ideológica bien definida ni de decisiones políticas deliberadas - Cuba estableció nuevos lazos de colaboración y de intercambio económico con la ex Unión Soviética y con los países de Europa del Este, de los cuales se volvió a su vez dependiente. Cuba se puso de este modo a trocar masivamente su azúcar (su principal recurso) por petróleo, maquinarias y productos manufacturados, mientras que exportaba médicos y soldados a los campos de batalla del tercer mundo. Aquella "división internacional del trabajo" permitió a Cuba superar durante unos treinta años al embargo norteamericano, mientras que lograba satisfacer - con más o menos éxito - las necesidades básicas de su población. Aquel intercambio era mutualmente ventajoso para ambas partes, según me comentaban a menudo los altos funcionarios con quienes yo discutía. Pero aquel sistema se desmoronó totalmente con el desplome del "campo socialista" y entró en una crisis aguda. Cuba pasó a no tener más destinos para su azúcar ni proveedores privilegiados para su energía y los bienes que solía importar. Se veía forzada a encontrar nuevos mercados para sus exportaciones y nuevas fuentes de ingreso para su desarrollo, en condiciones pésimas para la obtención de créditos internacionales y de facilidades de importación.

Entre 1990 y 1993 el producto interno bruto (PIB) y el ingreso *per cápita* sufrieron una merma de un treinta y tres por ciento [64], lo que se reflejó

---

[64] El PIB cayó 10,7 % en 1991, 11,6 % en 1992 y 14,9 % en 1993.

violentamente en el nivel de consumo de la población como también en la prestación de los servicios públicos (prestación que decayó en cantidad y calidad). La economía sufrió una caída libre, como si una guerra hubiera devastado al país, mientras que las condiciones de vida se deterioraron a un ritmo acelerado. Todo se volvió escaso: de la energía eléctrica a los combustibles, de los transportes públicos a la atención médica, de la comida a la ropa, de los productos de aseo al material escolar. Cuando llegué a La Habana - ya lo comenté más arriba - la capital se transformaba de noche en una ciudad fantasma, debido a los cortes eléctricos que azotaban a sus barrios y que dejaban a la gente en la obscuridad total. Aquellos "apagones" duraban a veces horas o a veces minutos, sin que se pudiera prever su duración ni su frecuencia. Las calles también estaban medio desiertas - incluso de día - debido a la falta de gasolina y al deterioro del parque automovilístico. Había ciertamente las *guaguas* y lo *camellos* para asegurar el transporte colectivo, pero la mayoría de la gente andaba a pie o en bicicleta. Los almacenes y las tiendas también estaban vacíos, a no ser las *diplotiendas* reservadas al cuerpo diplomático y las tiendas de los hoteles vinculadas al turismo incipiente, las cuales sólo funcionaban en divisas y con surtidos muy erráticos. A los cubanos solo les quedaba la *libreta,* con un abanico de productos cada vez más magro y, para los que conseguían divisas o tenían pesos acumulados, el recurso al mercado negro. El estado sanitario de la población empeoró muchísimo, por otra parte, debido a la falta de alimentos y al deterioro del servicio hospitalario. Fue en aquel contexto que se expandió la malnutrición [65], la cual debilitó a los estratos más frágiles de la población (ancianos, mujeres embarazadas, recién nacidos, etc.).

Con el desplome del "campo socialista"- y con la crisis que este último desencadenó en la economía cubana - el embargo estadounidense comenzó a surtir efecto [66]. A principios de la Revolución - y como medida de represalia a la nacionalización de los bienes norteamericanos - el embargo apuntaba a impedir las exportaciones de azúcar de la isla, su principal fuente de recursos. Pero como Cuba sustituyó el mercado norteamericano por del "campo socialista", los Estados Unidos transformaron a lo largo de los años el embargo en una maquinaria cada vez más amplia y sofisticada. El campo de aplicación del embargo se amplió a modo de abarcar todas las exportaciones de Cuba hacia los Estados Unidos así como todas las exportaciones de Estados Unidos hacia Cuba. El embargo se transformó también, progresivamente, en un dispositivo transnacional de agresión económica destinado a aislar a Cuba y a asfixiarla económicamente. El embargo se transformó así en lo que los cubanos llaman el "bloqueo", o sea una máquina de guerra comercial y

---

[65] Entre 1988 y 1990 la oferta calorífica diaria por persona era de 3.130 calorías. En 1990, el consumo de energía de la población cubana cayó a 1.863 calorías por día (o sea 78 % de las necesidades básicas) mientras que el de proteínas cayó a 46 gramos (o sea 64 % de las necesidades básicas). Además aparecieron epidemias de neuropatía, de disentería y de tifoidea.

[66] En la realidad el embargo estadounidense se había vuelto prácticamente indoloro hasta el fin de los '80, debido al hecho de que los intercambios con los países del CAME habían sustituido a los que prevalecían con el mercado estadounidense.

financiera, y en definitiva política, pues las ultimas mutaciones del dispositivo apuntan claramente al derrocamiento del régimen revolucionario. Entraron de este modo en la categoría de productos prohibidos de exportación hacia Cuba todos los productos de cualquier país que contengan componentes norteamericanos (como componentes de máquinas, de medicamentos, etc.). Y se estableció un dispositivo transnacional de sanciones para impedir que otras naciones comerciaran con Cuba [67]. Como lo veremos más adelante, este dispositivo alcanzó su auge con la promulgación de las llamadas leyes Torricelli [68] (1992) y Helms-Burton [69] (1996), las cuales exigirían cambios radicales en el orden político y constitucional de la isla, constituyendo de esta forma el modelo más elaborado de legislación extra-territorial y de injerencia en los asuntos internos de otros países.

No cabe duda que el "bloqueo" flageló a Cuba en el "periodo especial". Según análisis realizados en la isla, el gobierno cubano estimaba en 1995 en más de 60.000 millones de dólares los gastos adicionales causados por el "bloqueo" desde el principio de la Revolución [70]. Como ya no fue posible abastecerse de petróleo, maquinaria, productos y piezas de repuesto en el difunto "campo socialista", y como además se

---

[67] Como la prohibición hecha a los navíos que comerciaran con Cuba de entrar durante 6 meses en los puertos norteamericanos; como la negación de visas a Estados Unidos para los dirigentes de empresas extranjeras que comerciaran con Cuba, etc.

[68] Cuban Democracy Act

[69] Cuban Liberty and Democracy Solidarity Act

[70] Instituto de Investigaciones Económicas de Cuba.

sancionaba a las importaciones del resto del mundo, se paralizaron varios sectores de la economía y se deterioraron diversos servicios públicos. Muchas empresas fueron cerradas y muchos trabajadores quedaron ociosos (a pesar de continuar recibiendo sus salarios). Los servicios públicos también quedaron parcialmente paralizados, con un suministro de electricidad errático, con transportes deficientes, con un sistema educativo carente de material pedagógico y con hospitales afectados por el deterioro de los equipos y la falta de medicamentos. Como lo apuntaron varios informes, los efectos del "bloqueo" sobre el funcionamiento de los servicios de salud y sobre el estado sanitario de la población fueron en particular desastrosos. Contribuí personalmente, a solicitud del gobierno y conforme a la resolución 51/17 de la Asamblea General de las Naciones Unidas, a evaluar el impacto del "bloqueo" sobre la economía y los sectores sociales. Dicha solicitud me había sido formalmente comunicada por la viceministra de Relaciones Exteriores, Mary Flores, al convocarme en junio de 1997 para tratar de este asunto. Los análisis realizados bajo mi coordinación [71], con el concurso de todos los programas, fondos y agencias de Naciones Unidas presentes en Cuba, recalcaban en particular la intensificación del embargo por parte de los Estados Unidos y los daños que éste causaba sobre la economía y el bienestar de la población.

---

[71] Integradas posteriormente en el informe del secretario general sobre el cumplimiento de la resolución 51/17 del 12 de noviembre de 1996 titulado "Necesidad de poner fin al bloqueo económico, comercial y financiero impuesto por los Estados Unidos de América contra Cuba".

Sin embargo, hay que reconocer que el "bloqueo" no era absoluto: muchos eran los países, empresas y compañías de transporte que le evadían las sanciones y que comerciaban con Cuba. Además, algunos "cubanólogos", como Maurizio Giuliano, sospechaban que el bloqueo sirviese de justificación para mantener un estado de tensión entre Cuba y los Estados Unidos e impedir un deshielo de las relaciones entre los dos países que pudiera ser desestabilizante para el régimen revolucionario [72]. Personalmente no pienso que existiera un cálculo deliberado por parte del gobierno para que el estado de bloqueo en el que se encontraba la isla se mantuviera eternamente. Los daños causados por el bloqueo eran bien tangibles y suficientemente perjudiciales para que Cuba exigiera que se les pusiera fin (aunque si el bloqueo desapareciese de un día para otro sería bastante difícil para el gobierno justificar las disfunciones de la economía cubana). Con todo, si bien todas las declaraciones públicas responsabilizaban al "bloqueo" por la situación económica y social, muchos ministros y altos funcionarios reconocían en privado que la desaparición de las relaciones privilegiadas que existían entre Cuba y el "campo socialista" seguía siendo la principal causa de las dificultades enfrentadas por la isla. A pesar de todo y globalmente, el "bloqueo"

---

[72] Conocí bien a Maurizio Giuliano, un joven y brillante universitario que frecuentaba tanto las embajadas como los centros de investigación cubanos y aquellos otros que escrutaban a Cuba fuera de la isla. Muchas veces me pregunté cómo podía él navegar entre tantas personalidades e instituciones a veces opuestas, y abordar tantos temas sensibles, sin ser aparentemente incomodado por el aparato de seguridad cubano. Maurizio Giuliano es el autor de dos investigaciones sobre Cuba que mencionaré más adelante: *La transición cubana y el bloqueo norteamericano* (Ediciones CESOC, Santiago, 1997) y *"El caso del CEA - Intelectuales e Inquisidores en Cuba ¿Perestroika en la Isla?"* (Ediciones Universal, Miami, 1998).

constituía a mi juicio una verdadera agresión: un estado de guerra económica sin que se le dé ese nombre.

Si bien no hay duda de que el desplome del "campo socialista" y el "bloqueo" norteamericano hayan agudizado las deficiencias de la economía cubana, no se puede tampoco responsabilizarlos por todos los vicios del sistema económico imperante. En realidad, con o sin los acontecimientos políticos y económicos que acabo de enunciar, la economía cubana continuaría hoy sufriendo de su mal esencial: la penuria económica. Y de su causa profunda: el voluntarismo económico. Cabe aquí constatar, comparando la condición de la ex Unión Soviética y la de Cuba, que las mismas causas producen los mismos efectos. Al respecto, uno podría a priori pensar que Cuba copió simplemente el modelo soviético y que se exportaron a la isla las mismas técnicas de administración de la economía que allá imperaban. No hay duda de que hubo una ósmosis entre los dos sistemas económicos por el canal de los numerosos técnicos y funcionarios cubanos que se formaron en la Unión Soviética y en Europa del Este, mientras que numerosos cooperantes de aquellos países trabajaron en Cuba. Pero la ósmosis no constituye la explicación fundamental. El verdadero problema, a mi juicio, fue para aquellos dos países de tener que enfrentarse a una situación de guerra al principio de sus revoluciones y de ser forzados a edificar una economía de guerra como resultado de aquella situación. Porque la verdadera tara de la economía cubana, como igualmente la de la economía soviética, no es que fuesen "economías centralmente planificadas" - como se les califica en los informes internacionales - sino economías de guerra o, para ser más preciso, sistemas económicos conformados para enfrentar una situación de guerra.

Como lo demostró con bastante brillo el economista francés Jacques Sapir [73] , la ex Unión Soviética no configuró su sistema económico en función de consideraciones ideológicas sino como la resultante de apremios concretos: el estado de guerra que tuvo que enfrentar el gobierno bolchevique cuando se instaló en el poder. De hecho, tanto Marx como Lenin, jamás indicaron en ninguna obra como debería administrarse una economía supuestamente socialista, fuera de los principios muy generales de "dictadura del proletariado" y de la "colectivización de los medios de producción" [74]. En realidad, la forma bajo la cual se organizó la economía soviética y se la administró, fue puro producto de las necesidades del momento. Se administró y se consolidó una economía de guerra - una economía de movilización - mientras que, en otras circunstancias, se hubiera probablemente construido un tipo de economía bastante diferente, más próximo posiblemente de las llamadas economías de mercado.

---

[73] Jacques Sapir, *"L'économie mobilisée, Essai sur les économies de type soviétique"* (La economía movilizada, Ensayo sobre las economías de tipo soviético), La découverte, Paris, 1990.

[74] Aquellos dos pilares del marxismo-leninismo no son en realidad metas económicas sino políticas. Se trata de transferir el poder a la clase operaria y de expropiar el capital, o sea de transferirlo a la colectividad para que esta lo controle. El hecho de controlar el capital y el uso que se hace de él no implica en nada un modo de gestión de la economía. En otras palabras, puede haber control del capital por la colectividad en una determinada sociedad sin que aquello implique cualquier tipo de gestión o de administración de la economía.

Lo que quiero apuntar aquí es que la planificación central de la economía y la movilización de todos los recursos bajo la dirección y el control del Estado no forman necesariamente un modelo consustancial al socialismo, definido a mí ver como un conjunto de aspiraciones sociales y de políticas relacionadas y no como un sistema político y económico cerrado. En aquella época, las metas de la economía soviética fueron dictadas por la situación de guerra civil que se sustituyó al primer conflicto mundial. El problema se resumía en producir determinada cantidad de armas, de municiones, de ropas, de alimentos y otros productos de primera necesidad y de movilizar toda la economía en función de aquellas metas (es una simplificación, por supuesto, pero resume la problemática). Las metas de producción eran de este modo físicas, establecidas de acuerdo con los imperativos del conflicto, fijadas por una autoridad central y no por la confrontación de la oferta y de la demanda (como ocurre en un mercado). Se consolidó por lo tanto el sistema de dirección de la economía en tiempo de guerra que los propios industriales y técnicos rusos habían implantado entre 1915 y 1916 [75], antes de que estallara revolución bolchevique. Y como Alemania había manejado con bastante eficiencia su economía de guerra durante el primer conflicto mundial, incluso se invitaron consultores alemanes para asesorar la organización de la producción en la recién nacida Unión Soviética [76] (sic).

---

[75] El Comité central (CC) de la red de las industrias de guerra (VPK).

[76] Jacques Sapir, Ibid.

El caso de Cuba fue bastante similar. Como lo mencionamos más arriba: con la salida de los terratenientes y dueños de fábricas y con las nacionalizaciones decretadas en los dos primeros años de la Revolución, el nuevo gobierno revolucionario tuvo que administrar desde el principio un inmenso parque agrario e industrial, mientras que enfrentaba al mismo tiempo las agresiones económicas y militares de los Estados Unidos. Fue por lo tanto necesario organizar las cosechas, hacer funcionar las fábricas, distribuir los productos de primera necesidad y así por el estilo. Se constituyó de aquel modo una economía dirigida y organizada según el modelo de una economía de guerra. Se fijaban a nivel del gobierno metas de producción para cada sector, subsector y empresa, al final, que debían ser cumplidas, y se movilizaban para tal fin a todos los trabajadores, así como los recursos materiales. El ejemplo más emblemático de aquel proceso era el de la zafra de la caña de azúcar, producto faro de la isla, para la cual se fijaba cada año una meta de producción y se emitían a lo largo del año verdaderos comunicados de guerra. La zafra era supervisada al más alto nivel, pues el propio comandante en jefe movilizaba a toda la isla para el cumplimiento de las metas y las comentaba en sus discursos.

Me llamó particularmente la atención al llegar a Cuba la manera como que estaba estructurado el propio gobierno. Había, como en cualquier otro país, ministerios *"del poder"* (Interior, Justicia, Fuerzas armadas, etc.) y sociales (Educación, Salud, Trabajo, etc.). Pero, en el área económica, había una profusión de ministerios sectoriales: no menos de once, supervisando cada uno un sector muy estrecho (Azúcar, Industria alimenticia, Industria básica, Industria ligera, Materiales de construcción, Sidero-Mecánica, etc.). Aquel dispositivo controlaba directamente la actividad productiva de cada sector, según metas fijadas y definidas por el Ministerio de la Economía y Planificación. Como en la ex Unión Soviética, era un sistema de planificación centralizado [77] que fijaba metas físicas de producción   asociadas a precios administrados, aunque se haya introducido a partir de los años '70 parámetros monetario-mercantiles con el sistema del "cálculo económico" para otorgar mayor autonomía y flexibilidad a las empresas. Sin embargo, el sistema de gestión de la economía cubana no dejaba de ser centralizado y dirigista y, de aquella forma, sordo y ciego a las solicitudes del mercado e, *in fine*, a las aspiraciones de consumo de la población, por lo que generaba, de manera sistemática y recurrente, la penuria y la escasez. En realidad, solo conseguía funcionar gracias a una economía paralela en la que las transacciones no planeadas eran toleradas o reprimidas según ocurrían. Los productores y los consumidores siempre vivían al margen de la legalidad. Al igual que en la economía soviética, la "ilegalidad económica" [78] formaba parte del sistema.

---

[77]   Ver: El sistema de dirección y planificación de la economía cubana, Cuadernos del ILPES No 33, ILPES - CEPAL (Naciones Unidas), Santiago de Chile, 1988.

[78]   Concepto desarrollado por Gilles Favarel-Garrigues, investigador en el Centre d'Etudes et de Recherches Internationales (CERI), Francia, para caracterizar las prácticas económicas ilícitas que ocurren en un "espacio de tolerancia" inherente a tales sistemas.

Me había ya tocado servir en países supuestamente socialistas, como en Mozambique a principios de los años '80, donde todas las tiendas estaban dramáticamente vacías y donde el mercado negro florecía en cada esquina. Circulaba en aquella época un chiste, entre los propios seguidores del presidente Samora Machel, que contaban la historia del compañero mandado al infierno, que prefería el infierno socialista al infierno capitalista [79] porque en el socialista: "cuando había carbón no había aceite, cuando había aceite no había fósforos y cuando había fósforos no había carbón" (lo que prueba, a pesar de todo, que tenían el sentido del humor). Por cierto, Cuba no era Mozambique, ya que este último se hundía en los años '80 en una larga y violenta guerra civil. Pero una cosa es cierta: todos los países que se reclaman del socialismo y que han optado por sistemas de planificación centralizada y dirigista sufren del mismo mal, la penuria.

De hecho, la penuria es connatural a aquel modo de administración de la economía, porque no se da aquel encuentro entre la oferta y la demanda, con aquellas señales ofrecidas por los precios ni aquellos ajustes facilitados por el mercado. La sobreproducción y el déficit de producción son estados crónicos y recurrentes dentro de las economías de este género, porque es técnicamente imposible prever y de acertar a

---

[79] En aquel chiste, el diablo le había ofrecido al difunto compañero la posibilidad de escoger entre el "infierno socialista" y el "infierno capitalista" para quemarse eternamente. Después de haber probado el eficiente infierno capitalista el compañero se retractó suplicando se le mandara al infierno socialista.

nivel de cada producto o servicio metas de producción y de comercialización que respondan tanto a la demanda real de los consumidores finales como a las innumerables opciones de consumo ejercidas por dichos consumidores. Quisiera aclarar aquí que no creo en las virtudes de "la mano invisible" de Adam Smith [80] ni soy un discípulo del neoliberalismo [81]. Siempre creí que el Estado debe asumir un papel central en la orientación de la actividad económica, en el desarrollo de la colectividad y en el bienestar de la sociedad. Más aun, serví varios años al Estado francés en el área de la planificación [82], convencido de la necesidad por parte de la colectividad, e *in fine* del Estado, de orientar el desarrollo económico y social del país y de reglamentar el ejercicio de las actividades privadas. Sin embargo, el Estado no puede prever todo, dirigir todo y controlar todo. Debe ofrecer oportunidades para la iniciativa privada, flexibilidad para que las empresas operen (ya sean públicas o privadas) y un espacio para la confrontación de la oferta y de la demanda llamado "mercado" [83] (como simple mecanismo de ajuste de las

---

[80] Filosofo e economista, autor "De la riqueza de las naciones", Adam Smith (1723-1790), es generalmente considerado como el fundador del liberalismo económico. La "mano invisible" designa en la teoría económica liberal el mecanismo que autorregula espontáneamente el mercado.

[81] Aunque el término designe varias corrientes de pensamiento, la característica dominante del neoliberalismo contemporáneo es la desregulación absoluta de los mercados y una reducción drástica de la intervención del Estado en la economía, tales como conceptualizadas por autores como Friedrich Hayek o implementadas por el presidente Ronald Reagan en los Estados Unidos o la primer ministro Margaret Thatcher en el Reino Unido.

[82] Como encargado de misión de la Comisaría General del Plan, un órgano adscrito al Primer Ministro en el cual serví cinco años antes de ingresar en las Naciones Unidas.

[83] No confundir "el mercado" con "los mercados", abstracción promovida

transacciones corrientes). Cuando no lo hace, genera innumerables distorsiones y crea penuria.

Con la adopción de un sistema de planificación centralizada y dirigista Cuba ha creado una economía de penuria de la cual nunca saldrá si no cambian los modos de gestión y de administración de su economía [84]. Tal sistema económico genera en su seno un mercado negro donde se negocia a precios altos todo lo que hace falta a los consumidores. Se crean de esta forma nuevas desigualdades entre los que pueden comprar en aquel mercado - los que tienen divisas en el caso de Cuba - y los que no lo pueden. Y se crean frustraciones para todos los que aspiran a un mínimo de confort y que no pueden satisfacerlo porque impera la escasez.

---

por los círculos financieros y popularizada por los medios que encubre en realidad actores financieros bien definidos (bancos, instituciones financieras, fondos especulativos, etc.).

[84] Según parece, el propio Fidel Castro lo reconoció cuando declaró en septiembre de 2010, en una entrevista con la revista The Atlantic, que: "El modelo cubano ya no funciona ni siquiera para nosotros", lo que desencadenó una polémica en torno de lo que él quiso realmente decir.

El imperio cercano

Cuba tiene la desgracia de estar a unas cien millas de la costa norteamericana, en el umbral de la mayor potencia que el mundo jamás conoció. Si la isla hubiera quedado a mayor distancia del continente norteamericano, no cabe duda de que el curso de la historia hubiera sido diferente. Pero la geografía la ubicó allí, con todas las consecuencias que aquello acarreó para la emancipación de aquel país.

Los dirigentes cubanos suelen referirse a los Estados Unidos como si estos fueran un imperio (lo que no son, en realidad, pues no controlan otros territorios ni administran formalmente a otros pueblos). A muchos dirigentes estadounidenses [85] también les encanta considerarse como los amos de un imperio (aunque no lo son, a pesar de pintarse como los dueños del mundo y de comportarse como si lo fueran). Por otro lado, los dirigentes cubanos muchas veces se refieren a los Estados Unidos como al *"imperio del mal"*, una imagen fuerte que asocia la inclinación "imperialista" (en el sentido histórico de la palabra) de aquella potencia con las características de su sistema

---

[85] Me refiero sobre todo a los republicanos y particularmente a la administración de George W Bush, la cual materializó el auge de este tipo de comportamiento.

socio-económico (un sistema modelado por el individualismo y el capitalismo salvaje). En lo personal, no considero a los Estados Unidos como un imperio, *sui generis*, sino como el centro de mando del "imperio", un imperio virtual y global [86] , integrado por el capitalismo mundializado, del cual los Estados Unidos son el principal polo político, económico, mediático y militar (una visión muy próxima de la que conceptualizaron Michael Hardt y Antonio Negri en su obra maestra filosófica y política titulada: "Imperio"). Sin embargo, y por simplificación, me referiré aquí al "imperio cercano" para designar a esa potencia que casi se anexó Cuba y que hasta hoy sueña con someterla: los Estados Unidos de América. Pero antes de entrar al meollo del asunto quisiera aclarar que no me considero un "antiamericano primario". Hay muchas cosas que respeto del pueblo estadounidense, las cuales infelizmente no se reflejan en su clase dirigente [87]. Desafortunadamente Estados Unidos - como potencia militar y como sistema socio-económico - sigue siendo el promotor de un proyecto de dominación global modelado por el capitalismo mundializado que afecta el bienestar y las aspiraciones de todos los pueblos

---

[86] Ver: Ariel Francais, *"Islam radical et nouvel ordre imperial"* (Islam radical y nuevo orden imperial), L'Harmattan, Paris, 2008, Capitulo 5 – "L'empire virtual" (El imperio virtual).

[87] No confundir la clase política estadounidense con la clase dirigente de Estados Unidos. La primera, a mi ver, solo "administra" el país mientras que la segunda controla la realidad del poder (dueños de las entidades financieras, dirigentes de las grandes corporaciones, amos de los medios de comunicación, etc.).

(incluyendo desde luego el pueblo norteamericano) [88].

La difícil y conflictiva relación de Cuba con Estados Unidos comenzó con su casi anexión en 1898 por la potencia norteamericana [89]. De todos los países de América latina, Cuba había sido el último en alcanzar una independencia formal al cabo de dos luchas para su emancipación que habían ensangrentado a la isla entre 1868 y 1898. La guerra que sostuvo Estados Unidos contra España, en 1898, permitió a Cuba volverse independiente de la Corona española [90]. Pero, aunque formalmente independiente, Cuba se convirtió de inmediato en un casi protectorado de los Estados Unidos que perduró hasta la caída del dictador Fulgencio Batista a finales de 1958. De hecho, se podría afirmar que Cuba solo alcanzó ser realmente independiente en aquella fecha, pues la isla no solamente había sido ocupada por la fuerzas estadounidenses al acabar la guerra contra España, no solamente había sido el objeto de incesantes intervenciones políticas y militares por parte de los Estados Unidos en los años siguientes, sino que se había también convertido, durante aquellos sesenta

---

[88]   Ver: Ariel Francais, Ibíd., Segunda parte: la nueva orden imperial (capítulos 5 a 8).

[89]   En la realidad Estados Unidos tenía desde tiempo atrás miras sobre la isla como lo ilustran las palabras de John Quincey Adams, secretario de Estado del presidente Monroe, quien declaró en 1823: "Cuba, una vez rota la conexión que la une a España, debe necesariamente gravitar hacia la unión norteamericana".

[90]   Tratado de París del 25 de octubre de 1898, mediante el cual España pierde Cuba, las Filipinas, Puerto Rico y la isla de Guam.

años, en un simple apéndice de la economía norteamericana.

La independencia formal de Cuba, como se sabe, fue frustrada desde sus primeros días: tropas estadounidenses ocuparon la isla durante tres años [91], se concedió a los Estados Unidos el arrendamiento perpetuo de una base naval en Guantánamo [92] y se les otorgó el derecho de intervenir en los asuntos internos del país para "proteger las vidas, la propiedad y la libertad individual" [93] . Durante todo aquel periodo Cuba vivió bajo la amenaza del *big stick* estadounidense: sea directamente, cuando el gran vecino del norte intervenía militarmente en los asuntos internos de la isla [94], sea indirectamente, cuando las presiones políticas y económicas del Estado tutor imponían al país un rumbo conforme a los intereses norteamericanos [95]. Sin embargo, fue la integración de

---

[91] Los Estados Unidos instalaron a un gobierno militar dirigido por el general Wood y mantuvieron 6.000 soldados en la isla.

[92] Concedido por tratado en 1903.

[93] La conocida "enmienda Platt", promovida por el senador estadounidense del mismo nombre, formalizó en la ley del presupuesto militar para 1901 las exigencias de los Estados Unidos en relación a Cuba. El propio texto, que otorgaba un derecho de intervención de los Estados Unidos en los asuntos internos de la isla fue impuesto a los constituyentes cubanos que lo adoptaron con una estrecha mayoría.

[94] Los Estados Unidos intervinieron militarmente dos veces para imponer sus candidatos a la presidencia de Cuba: en 1906 a favor de Estrada Palma y en 1917 a favor de Menocal.

[95] Las presiones políticas y económicas fueron constantes a lo largo de los 60 años que antecedieron la Revolución: cancelación de elecciones e imposición de candidatos, presiones diplomático-militares para imponer el

Cuba en la esfera económica norteamericana la que acarreó el mayor grado de dependencia. Así, en los años cincuenta, las empresas y otras entidades estadounidenses poseían el 50 % de las tierras del país y el 90 % de sus minas. Asimismo, la potencia norteamericana controlaba el 67 % de las exportaciones de la isla y el 75 % de sus importaciones, mientras que el 90 % del azúcar cubano era exportado hacia Estados Unidos. Además, la isla se había convertido en el mayor burdel del continente para ricos turistas estadounidenses y los proyectos de la mafia norteamericana contemplaban hacer de La Habana el mayor casino de América en lugar de Las Vegas. Cuba era, en aquella época, como una prolongación exótica de los Estados Unidos, donde muchas personas ricas y muchos artistas acudían para divertirse, como lo ilustran los innumerables retratos de celebridades de aquella época hasta hoy colgados en las paredes de la Bodeguita del Medio [96]. Acudían también prominentes dirigentes de la mafia norteamericana, como lo muestran las fotos expuestas en un bar del Hotel Nacional.

Fue en realidad la Revolución la que materializó la independencia de Cuba, al llevar a cabo el proceso de luchas que se había iniciado en el siglo anterior y al romper los lazos de dependencia que se habían creado a

---

pago de la deuda cubana, apoyo a golpes de Estado militares (en particular el del ex sargento y después coronel Fulgencio Batista en 1952), etc.

[96] El famoso bar del casco viejo de La Habana, donde el escritor americano Ernest Hemingway solía tomar sus mojitos, mientras que bebía sus daiquirís en el no menos famoso bar El Floridita.

favor de los Estados Unidos. Aquella nueva y última etapa del camino hacia la independencia de la isla no fue evidente ni fácil, y permanecen hasta hoy gran cantidad de heridas, de litigios y de tensiones que llevarán tiempo antes de que cicatricen. A pesar de las tentativas de diálogo emprendidas por el nuevo gobierno revolucionario hacia los Estados Unidos [97], la confrontación entre la Cuba y la potencia norteamericana se volvió en muy pocos meses inevitable. La relación entre Cuba y los Estados Unidos siempre había sido tensa y compleja, pero esta se tornó explosiva al asumir el poder un gobierno revolucionario que, sin ser marcadamente marxista-leninista en su principio, terminaría abrazando aquella doctrina e ingresaría en el campo socialista frente a la amenaza del imperio cercano. Tal vez Cuba no hubiera caído en el llamado "campo socialista" si los Estados Unidos no hubieran acosado al nuevo régimen ni condenado el país al ostracismo político y económico. Pero las medidas de agresión tomadas por la potencia norteamericana desde el principio de la Revolución - tanto en el plano económico como en el plano militar - no dejaron alternativa al gobierno revolucionario. Cierto, la propia Revolución llevaba en sí misma los fermentos de la confrontación, con la expropiación - *in fine* sin compensación [98] - de los intereses

---

[97] En abril de 1959 el recién nombrado primer ministro, Fidel Castro, viajó a Washington con los ministros de finanzas y del tesoro, y los directores del banco central y del banco del comercio exterior, para entablar negociaciones con las autoridades norteamericanas.

[98] Según fuentes del Ministerio de las Relaciones Exteriores, Cuba ofreció inicialmente modalidades de compensación a los Estados Unidos, pero estas fueron todas rechazadas por la administración del presidente Eisenhower.

norteamericanos. Sin embargo, las medidas tomadas por los Estados Unidos contra el nuevo régimen revolucionario fueron mucho más allá de las tradicionales medidas de represalia económica y financiera.

Como se sabe, pocos meses después de asumir el poder el nuevo gobierno revolucionario promulgó la ley de la reforma agraria (mayo de 1959), la cual arrancó en 1960 expropiando los latifundios y los intereses norteamericanos que allí se encontraban [99]. En represalia, los Estados Unidos cortaron en julio de 1960 el saldo de la cuota de importación de azúcar concedida a Cuba [100] (pocos meses antes las refinerías americanas instaladas en Cuba se habían además negado a procesar petróleo importado de la Unión Soviética). Al mes siguiente, Cuba replicó nacionalizando todas las empresas situadas en su territorio (centrales azucareras, fábricas de tabaco, refinerías de petróleo, compañías eléctricas, compañías telefónicas, etc.) [101] y en el mes de septiembre nacionalizó los bancos. Al terminar el año de 1960 las relaciones económicas y comerciales entre Cuba y los Estados Unidos se habían prácticamente acabado mientras que la Unión Soviética había sustituido a los Estados Unidos comprando el azúcar cubano y suministrando petróleo a la isla. A partir de

---

[99] 13 de las 22 mayores latifundios en el cultivo del azúcar eran compañías estadounidenses, de las cuales la más importante era la United Fruit Company.

[100] El cual fue oportunamente adquirido por la Unión Soviética, que había firmado en febrero de 1960 un acuerdo comercial con Cuba.

[101] Entre ellas estaban ITT, General Electric, Texaco, Coca Cola, etc.

allí el acoso comercial y financiero norteamericano contra Cuba no dejó de crecer. En marzo de 1961 el recién electo presidente Kennedy eliminó totalmente la cuota de azúcar cubana en el mercado norteamericano. En Febrero de 1962 Kennedy decreto un "embargo" total sobre el comercio entre Estados Unidos y Cuba [102]. El embargo comercial fue completado - entre 1962 y 1964 - por una serie de restricciones adicionales (viajes y transacciones financieras entre Cuba y Estados Unidos, etc.).

Las relaciones entre Cuba y los Estados Unidos también se envenenaron muy rápidamente en los terrenos diplomático y militar. En enero de 1961 el presidente Eisenhower rompió las relaciones diplomáticas con Cuba. En abril de 1961 los Estados Unidos organizaron y apoyaron el fracasado desembarco en Playa Girón - en el cual unos 1200 mercenarios del exilio cubano, entrenados por la CIA y apoyados por las fuerzas norteamericanas, intentaron invadir la isla. En noviembre de 1961, además, el presidente Kennedy dio luz verde al "Proyecto cubano" [103] - también conocido como "Operación mangosta" -

---

[102] Orden ejecutivo presidencial 3447 del 3 de febrero de 1962.

[103] Aquel programa secreto de la CIA abarcó medidas de propaganda, de guerra sicológica y de sabotaje, involucrando a grupos contrarrevolucionarios y hasta elementos de la mafia. El objetivo final era provocar un levantamiento en la isla que justificaría una intervención militar por parte de los Estados Unidos. La "Operación Northwoods", en particular, contempló la simulación de ataques cubanos contra las fuerzas norteamericanas y contra civiles. El programa recibió un inicio de ejecución con la realización de actos de sabotaje en la isla, pero fue suspendido cuando se dio la crisis de los misiles (aunque las acciones de sabotaje e de desestabilización por parte de los Estados Unidos nunca pararon después de la crisis).

cuyo objetivo era derribar al régimen revolucionario (el cual entró en ejecución poco antes de que estallara la crisis de los misiles). En enero de 1962 los Estados Unidos presionaron a los países latinoamericanos para que se suspendiera la participación de Cuba en Organización de los Estados Americanos (OEA) - lo que equivalía a una expulsión - y todos los países del continente fueron invitados a romper sus relaciones diplomáticas y comerciales con la isla. Pero fue en octubre de 1962 que la confrontación alcanzó su punto máximo con la "crisis de los misiles" [104], que llevó al mundo al borde de la guerra nuclear. Los Estados Unidos levantaron finalmente el bloqueo naval a Cuba a cambio de la retirada de los misiles soviéticos, comprometiéndose además a no invadir la isla. Sin embargo, el embargo económico, comercial y financiero se mantuvo y se reforzó. Y los ataques a Cuba en los planos políticos y diplomáticos no cesaron. Desde entonces Cuba vive en una situación de guerra latente, la cual explica el estado de ánimo de sus dirigentes y el contexto político en el que se mueve la isla.

Cuando llegué a la isla la guerra fría ya se había acabado en el mundo pero seguía muy viva entre los

---

[104] La llamada "crisis de los misiles" se generó a raíz del descubrimiento por parte de los Estados Unidos de bases de misiles nucleares soviéticos en territorio cubano (propuestos e instalados por la Unión Soviética cuando sus servicios secretos informaron a Cuba de preparativos de invasión por parte de los Estados Unidos). Los Estados Unidos impusieron un bloqueo naval a Cuba, prohibiendo a los navíos soviéticos aproximarse a la isla. Fue una de las dos mayores crisis de la guerra fría (junto con la crisis de Berlín) que se saldó con la retirada de los misiles soviéticos de Cuba -y americanos de Turquía - y la promesa de no invadir a Cuba.

Estados Unidos y Cuba. Dos años antes, el congreso norteamericano había adoptado la conocida "Torricelli Act", formalmente llamada "Cuban Democracy Act" (1992), que ampliaba aún más el arsenal de sanciones económicas contra Cuba [105]. La ley Torricelli autorizaba además medidas para implementar lo que las autoridades cubanas califican como "segundo carril", es decir iniciativas para " fortalecer a la sociedad civil" (organizaciones calificadas como "verdaderamente independientes" del Estado) y para facilitar las "comunicaciones pueblo a pueblo" (intercambios científicos, académicos y culturales) [106], promoviendo de este modo un clima de apertura y de debate que supuestamente contribuiría a la desestabilización del régimen revolucionario. Sin embargo, es con la "Helms-Burton Act" [107], formalmente llamada "Cuban Liberty and Democratic Solidarity (Libertad) Act" (1996), que culminó la edificación del dispositivo montado por varias generaciones de presidentes y de congresistas estadounidenses para asfixiar a la isla y derribar a su gobierno [108]. El propósito de la ley era

---

[105] Con la ley Torricelli se prohibió la exportación de alimentos y de medicinas hacia Cuba (productos hasta la fecha excluidos del embargo); se prohibió a los exilados cubanos enviar dinero a sus familiares en la isla y se prohibió a los barcos extranjeros que comerciaran con Cuba el tocar puertos norteamericanos durante seis meses.

[106] Luis Suárez Salazar, *"Cuba: Aislamiento o reinserción en un mundo cambiado"*, Epilogo, Editorial de ciencias sociales, la Habana, 1997.

[107] Promovida por el senador Jesse Helms y el representante Dan Burton, aquella ley fue inspirada por Nicolás Gutiérrez (ex "barón" cubano del azúcar) y la familia Bacardí (dueños de la famosa marca de ron).

[108] Ver en particular Luis Suárez Salazar, Ibíd. , y Mauricio Giuliano, *"La transición cubana y el bloqueo norteamericano"*, Ediciones CESOC,

"promover sanciones internacionales contra el gobierno de Castro" y "planificar el soporte a un gobierno de transición llevando hacia un gobierno democráticamente electo". Incorporaba en su título I todas las medidas tomadas hasta la fecha en relación al embargo contra Cuba y las inscribía en la ley (incluyendo el apoyo a grupos que actúan supuestamente a favor de la democracia y los derechos humanos). Definía en su título II lo que sería una Cuba "libre e independiente" y las condiciones para reconocerla y asistirla. Establecía, en su título III, sanciones contra las compañías extranjeras que "traficasen" (tradúzcase por: comercien) con Cuba así como, en su título IV, sanciones contra los ejecutivos de dichas compañías. Fue en definitiva la primer ley estadounidense en establecer tan abierta y descaradamente medidas y sanciones extra-territoriales, afectando directamente la soberanía de otros Estados [109]. Preocupado con las repercusiones internacionales de los títulos III y IV el presidente Clinton intentó oponerse a esta ley pero terminó promulgándola después de que Cuba derribara a dos avionetas de *Hermanos al Rescate* [110]. La ley Helms-Burton desencadenó una protesta general por parte de la comunidad internacional, sobre todo por parte de la Unión Europea, de Canadá y de México, que adoptaron

---

Santiago de Chile, 1997.

[109]   El otro ejemplo en aquel año fue la ley de "Amato-Kennedy", formalmente el "Irán and Libya Sanctions Act" (1996), que estableció sanciones internacionales contra compañías que invirtieran en la prospección petrolera en aquellos dos países.

[110]   Ver: El peso del Exilio.

medidas de represalia comercial [111] .

Es fundamental tener en la mente aquellos acontecimientos históricos para entender la situación de la isla y la mentalidad de sus líderes políticos. En realidad, Cuba sigue hoy en estado guerra y el enemigo se llama Estados Unidos, aún si las agresiones se han vuelto más sofisticadas   y menos visibles que en los primeros años de la Revolución. El terreno de la confrontación es ahora esencialmente político, siendo el arma económica una cuerda entre otras para desestabilizar el régimen cubano. Las otras cuerdas se llaman "libertad", "democracia" y "derechos humanos", aspiraciones todas   legítimas en cualquier sociedad, pero que en el contexto cubano revisten una connotación muy especial. Porque lo que buscan los Estados Unidos, o más precisamente el exilio cubano-americano, no es tanto promover aquellas aspiraciones universales sino desestabilizar al régimen cubano. Así se explica la extrema sensibilidad de aquellos temas en el contexto político interno de la isla, de los cuales trataré más adelante.

Para el gobierno revolucionario, la promoción de la "libertad", de la "democracia" y de los "derechos humanos" en Cuba no son nada más que la cara visible y aparentemente respetable del proceso mucho menos confesable de desestabilización oculta del Estado

---

[111]   La Unión Europea en particular denuncio la legislación Helms-Burton ante la Organización Mundial del Comercio (OMC) y tomó un reglamento declarando inaplicables sus disposiciones extra-territoriales. Países europeos, así como Canadá y México, también adoptaron contra medidas legislativas para neutralizar aquella legislación.

cubano [112] . Me tocó entenderlo claramente cuando recibí la visita en septiembre de 1994 - doce días después de mi llegada a La Habana - de dos tenientes coroneles del ministerio del interior (Minint). Mi secretaria Lilí estaba algo nerviosa cuando los anunció, porque visiblemente aquella visita la impresionaba, tratándose de oficiales de alto rango y de un departamento ministerial a cargo de la seguridad nacional (incluyendo, según entendí, de la inteligencia y del contra espionaje). El teniente coronel Arturo Suárez y su *alter ego* (era del mismo rango pero no recuerdo su nombre) andaban siempre juntos, como los dos policías Dupont y Dupont de la famosa historieta Tintín: una manera de apoyarse pero también de vigilarse mutuamente (me pareció posteriormente una práctica bien establecida en Cuba, pues cuando me visitaban funcionarios cubanos siempre venían a dos o tres y raramente avisaban). Entendí más tarde que estaban a cargo de la vigilancia del sector de las organizaciones internacionales y que, probablemente, había para cada gran embajada - o grupo de embajadas - oficiales del Minint a cargo de su vigilancia.

Al sentarse en mi despacho, el teniente coronel Suárez fue directamente al grano avisándome que enfrentaría graves problemas si me ocurría dar asilo a pretendidos disidentes y a otros activistas de los derechos humanos, como pasó en algunas embajadas

---

[112] Durante muchos años las tentativas de desestabilización política del régimen cubano fueron llevadas a cabo por la Central Intelligence Agency (CIA). Sin embargo la National Endowment for Democracy (NED), criada bajo la presidencia de Ronald Reagan para promover abiertamente en el mundo todas aquellas acciones de índole político, tomó el relevo de la CIA.

antes de que yo llegara a Cuba, durante la llamada "crisis de las embajadas" [113] . Me dio muchos detalles de cómo ciertas embajadas fueron invadidas y saqueadas durante meses por masas de personas acampando en sus oficinas y salones en condiciones precarias: una manera de disuadirme, por si acaso tenía yo la tentación o debilidad de echarles la mano a oponentes al régimen. Asimismo, me habló de las innumerables agresiones perpetradas por los Estados Unidos en contra de Cuba y de la continua intromisión de aquella potencia vecina en los asuntos internos de la isla. El mensaje para mí era claro: no se meta con "disidentes", ni en cualquier operación manipulada por el exterior que amenace la seguridad interna de la isla, y todo le saldrá bien. Y para tantear mis reacciones, como por la mayor de las casualidades, llegó el sábado siguiente un hombre muy agitado que quería entrar a la fuerza en nuestra residencia porque, según decía, era perseguido en razón de sus opiniones políticas. Expliqué a aquel señor, con amabilidad y firmeza, que no podía hacer nada por él (lo que era pura verdad, pues no tenía yo ningún mandato para una situación de ese tipo).

La segunda parte de la maniobra ocurrió en las semanas siguientes. Tenía según me fijé un objetivo muy claro: entender cuáles eran mis ideas, opiniones y convicciones, para diseñar un retrato robot de mi personalidad y de cómo pudiera yo reaccionar frente a

---

[113] Cincuenta y tres Cubanos buscaron "refugio" en la embajada de Checoslovaquia y en cuatro otras embajadas occidentales, en julio de 1990, desencadenando una crisis diplomática de dos meses y una situación muy confusa involucrando además a agentes de la seguridad cubana que pretendían buscar asilo político.

acontecimientos que afectaran a la seguridad de Cuba.
Así los dos tenientes coroneles me invitaron a visitar
algunos museos, acompañado por mí esposa, de manera
bastante inteligente como para pescar informaciones y
detectar posibles reacciones. Fue así que visitamos en
primer lugar el museo del ministerio del interior, el cual
era totalmente dedicado a documentar todas las
agresiones perpetradas por los Estados Unidos contra
Cuba - y Fidel Castro en particular [114] - y todas las
operaciones montadas para desestabilizar el régimen o
derrocarlo. Visitamos después el museo Napoleónico
(un museo de un ex coleccionista dedicado al
emperador francés) y cuando llegó la vez de visitar al
museo de la Revolución, avancé una disculpa porque
aquellas visitas ocupaban mucho tiempo en mi agenda
de trabajo. Sin embargo guardamos con los dos
coroneles relaciones muy cordiales hasta nuestra salida
de Cuba. Con ellos, además, mi esposa y yo nos
encontrábamos de vez en cuando en recepciones
diplomáticas.

El miedo constante, aunque justificado, de
agresiones y de medidas de desestabilización por parte
de la potencia norteamericana tomaba a veces
dimensiones obsesivas, como en aquel día de mayo de
1997, cuando el gobierno cubano acusó abiertamente a
los Estados unidos de "agresión biológica". En un
informe dirigido al secretario general de las Naciones

---

[114] Según fuentes cubanas se identificaron 638 esquemas de la CIA para
asesinar a Fidel Castro y un comité del senado estadounidense reconoció en
1975 la ejecución de por lo menos ocho complots hasta la fecha. Aquellos
esquemas contemplaban el uso de cigarros envenenados o explosivos, de
equipos de buceo envenenados o contaminados por bacterias, etc.

Unidas, el gobierno cubano refería con muchos detalles el sobrevuelo del territorio cubano por una aeronave de fumigación perteneciente al departamento de Estado de los Estados Unidos con la aparición unos meses después de la plaga Thrips Palmi (un insecto dañoso para los cultivos, hasta en aquel momento inexistente en la isla). Aunque sea poco probable que se verifique un día si la introducción del Thrips Palmi fue planeada por los Estados Unidos (agresión negada por el departamento de Estado de aquel país) existen sin embargo muchos indicios de agresiones semejantes en el pasado [115]. Menciono aquí aquel incidente como revelador del estado de ánimo de los dirigentes cubanos en relación a los Estados Unidos, que uno pudiera calificar de paranoico si no hubiera muchas razones para desconfiar del imperio cercano.

A pesar de que las relaciones diplomáticas entre los Estados Unidos y Cuba habían sido formalmente rotas en enero de 1961, existían sin embargo canales de comunicación entre los dos países. No había por supuesto una embajada de los Estados Unidos en La Habana, pero sí existía una *sección de intereses* que superaba en personal y en facilidades a cualquier otra embajada. La *sección de intereses* de los Estados Unidos era cosmética y virtualmente abrigada por la embajada de Suiza, pero en realidad ocupaba un

---

[115] Según informaciones publicadas en la prensa norteamericana la CIA tendría trabajado desde 1962 en un programa de introducción de agentes biológicos para desorganizar la agricultura en Cuba. Habría introducido en 1972 el virus de la fiebre porcina africana, habría intentado usar en 1977 agentes biológicos contra la cría de aves y habría introducido en 1979 el virus del dengue hemorrágico.

edificio moderno, de muchos pisos, situado en el malecón - frente al mar - y debidamente protegido por muros, cercas y sistemas de seguridad, como cualquier otra embajada estadounidense en el mundo. Era de hecho la misión más importante en La Habana la cual, sin tener ese título, reunía a no menos de 21 funcionarios con estatus diplomático, entre los cuales el propio jefe de la *sección de intereses* con rango de consejero, nueve primeros secretarios, dos segundos secretarios, cuatro agregados y cinco agregados adjuntos. El edificio de la *sección de intereses* no parecía ser el objeto, por parte de Cuba, de dispositivo alguno de vigilancia que, sin embargo, debía seguramente existir. Solo se veía la presencia de un inmenso cartel colgado a un edificio mirando a la *sección de intereses*, sobre el cual se podía leer en grandes letras: *"A ustedes no le tememos nada, señores yanquis"*. Y corría el rumor loco, como muchos otros en La Habana, de que los Estados Unidos habían cavado un túnel entre la *sección de intereses* y la Florida.

Cuando hice mi visita de cortesía a Michael Kozac, el jefe de la *sección de intereses*, me recibió con mucha amabilidad y simplicidad en una sala de reunión, en la planta baja, que ocupaba el centro del edificio. Era una gran sala, sin ninguna ventana y como blindada, que se parecía a una gigantesca caja fuerte. Michael me explicó al principio, como si fuera rutinario, que allí podríamos hablar "libremente", en toda seguridad, aunque no tuviésemos, ni él ni yo, ningún tema confidencial que tratar. Conversamos de varias cosas, incluyendo del Líbano, donde él había servido a su país durante la guerra civil. También hablamos de Cuba - por supuesto - y de nuestras visiones cruzadas de la situación. Michael era un hombre muy abierto y con grandes calidades humanas, por lo que era muy apreciado por la comunidad diplomática y, según me parece, por el propio gobierno cubano. Era bien diferente de su predecesor, Joseph Sullivan, a quien conocí poco tiempo antes de que él saliera de la isla, y que tenía una visión bastante cerrada en relación a Cuba (la consideraba como una dictadura férrea). No obstante, las relaciones diplomáticas a nivel local, entre los dos países, eran corteses y hasta cordiales. No había aquella tensión internacional que resurgía periódicamente en ocasión de cualquier incidente.

El comandante en jefe

Cuando mi esposa y yo vimos a Fidel, la primera vez, nos impresionó por su altura, su presencia y su prestancia. Fue en octubre de 1994, en la basílica menor de San Francisco de Asís, en la ocasión de un concierto del pianista Frank Fernández y del coro Exaudi organizado por el historiador de La Habana, Eusebio Leal, quien hacía milagros para proteger y restaurar la ciudad. Estábamos sentados en las primeras filas, del lado derecho, reservadas al cuerpo diplomático, mientras que los miembros del gobierno y otras personalidades se sentaban del lado izquierdo. Fidel llegó y se sentó en la primera fila, del lado izquierdo, no lejos de nosotros. Era un hombre muy alto, con postura muy recta y con una mirada fija, quien llamaba inmediatamente la atención. Se le veía de piel muy clara, con una barba entrecana y rebelde. Se le veían también las manos muy finas y largas. Habíamos visto muchas fotos del "Comandante" [116], pero hasta entonces

---

[116] El nombre que se le da en Cuba a Fidel Castro es "comandante" o "comandante en jefe". Nunca se usa la expresión de "líder máximo", una calificación inventada por la prensa occidental. También tiene muchos sobrenombres, como "el caballo", y existen mímicas para referirse a Fidel como el alisarse la barba. Mi esposa y yo siempre le decíamos "comandante" para dirigirle la palabra, lo que era correcto en el protocolo cubano y también cordial en la manera de expresarse. A mí me llamaban "jefe" en mi oficina, porque a nadie le gustaba el calificativo de "señor" o el uso de mis títulos, largos y complicados.

no lo habíamos encontrado en persona. Vestía su eterno uniforme de combate verde oliva, con botas negras, y llevaba en su muñeca su también eterno reloj - tipo Swatch - de plástico negro. Lo que nos impresionó también es que no tenía una gota de sudor, mientras que toda la asistencia transpiraba mucho porque el tiempo era muy caluroso y muy húmedo (según los rumores, solía llevar por debajo de su saco un chaleco contra balas que, se comenta, también eliminaba el sudor).

Fidel Castro Ruz es un personaje fuera de lo común, de los "grandes" de este mundo, como la historia los hacía y como ya no los fabrica más, pues la gran mayoría de los dirigentes de hoy son mediocres, sin visión y sin coraje, tan grises como los "mercados" que suelen seguir y servir [117]. Sus enemigos lo califican de "dictador" y los imbéciles lo pintan de "multimillonario" [118]. Pero en la realidad, el hombre no es dueño de nada: ni propiedades ni residencias de lujo, ni carros de carreras ni *jets* privados, ni ropa de alta

---

[117] En la mayoría de los países "los mercados" se han vuelto el principal determinante de la política económica y de la política en general. Basta que estos "mercados" sufran un resfriado o que ardan para que la mayoría de los dirigentes se movilicen o que enloquezcan. Pero detrás de aquel concepto indefinido, abstracto y solo perceptible a través de las fluctuaciones bursátiles, se esconden actores e intereses bien concretos: banqueros, industriales, especuladores, etc. Los medios de comunicación tienen una gran responsabilidad por haber popularizado el concepto, porque aquella palabra enmascara la realidad del poder y exonera a los dirigentes de sus responsabilidades.

[118] Resalto aquí que la revista americana Forbes puso a Fidel Castro dentro de su clasificación de las mayores fortunas del mundo, agregando según toda evidencia a su supuesto e imaginario patrimonio, los bienes y recursos del Estado cubano.

costura ni adornos de oro, ni que yo sepa cuentas bancarias en paraísos fiscales. Lo que Fidel tiene a su disposición es todo propiedad del Estado y no le pertenece nada: el palacio de la Revolución, donde trabaja y recibe, tres Mercedes negros y bastante usados, para moverse con sus guarda-espaldas, sus uniformes para vestirse y varias "casas de protocolo" en las que acampa de modo aleatorio [119]. Nada en realidad que no esté a disposición de un jefe de Estado en cualquier país del mundo. En cuanto a la calificación de "dictador", no tiene él nada del perfil. Es un hombre abierto y curioso de todo, y que a mi ver nunca tomó una decisión sin discutirla o someterla a consulta. Tampoco es arbitrario, porque el poder que él ejerce es un poder legítimo, tanto desde el punto de vista de la historia como del funcionamiento de las instituciones. Como esta afirmación me parece fuerte, la justificaré más adelante.

Fidel Castro salió de una familia que, sin ser pobre, era modesta y se convirtió en uno de los más carismáticos dirigentes del mundo. Visitamos la finca familiar donde se crió, situada en Birán, en la antigua provincia del Oriente (hoy provincia de Holguín). Era visiblemente una pequeña propiedad, comparada con los grandes latifundios de aquella época, dedicada

---

[119] Nadie sabe donde Fidel Castro vive y duerme porque, en la realidad, no tiene casa ni residencia fija. Existe según toda probabilidad un esquema aleatorio para que viva y duerma en diversas casas, por medidas de seguridad (llegué a aquella conclusión después de haber visitado algunas de las llamadas "casas de protocolo", las cuales son administradas por el Consejo de Estado, tienen un personal de servicio dedicado y sirven para hospedar huéspedes selectos).

según parece a la agricultura y a la ganadería. Se transformó la finca en una especie de museo, donde se ven todavía hoy las camas donde Fidel y sus hermanos dormían cuando eran chicos. El padre de Fidel, como se sabe, era un emigrante español originario de Galicia que se había establecido en Cuba en 1899 y que había prosperado en las actividades del campo, fundando una familia bastante amplia y algo heterogénea (cinco hijos del primer matrimonio y siete del segundo, de los cuales Fidel y Raúl). Fidel fue escolarizado muy joven en Santiago de Cuba y estudió después en La Habana, donde se formó con los jesuitas en el colegio de Belem. Emprendió en seguida la carrera de derecho en la Universidad de La Habana y comenzó su vida activa como joven abogado, estudios y experiencias que sin duda alguna marcaron fuertemente su visión del mundo y su personalidad. Su respeto a la fe cristiana, su rigor moral y sus habilidades retóricas se las debe, con toda evidencia, a su convivencia con los jesuitas, mientras que su combatividad intelectual y política seguramente la adquirió en la Universidad, la cual siempre fue en Cuba un foco de reflexión y de agitación política.

Cuando escuché a Fidel hablar, por la primera vez, fue en la apertura de la sesión anual de la Asamblea Nacional, en diciembre de 1994, donde seguí durante un par de horas su discurso inaugural. Me habían dicho que el comandante hablaba mucho, sin parar, y pensaba yo que nunca podría aguantarlo. Sin embargo, no solamente aguanté horas y horas, escuchándolo con un inmenso placer durante mis cinco años en Cuba, sino que nunca me cansé de oírlo hablar. Tenía él, sin duda alguna, talento excepcional de orador, sabiendo como un músico alternar los tonos altos y los bajos, observar silencios y entrelazar palabras en una verdadera sinfonía orquestal. Pero también había en sus discursos la fuerza de las ideas, no menos importantes, ideas que se articulaban rigurosamente para analizar situaciones, denunciar injusticias y movilizar energías. Además, había por detrás de las palabras aquella convicción de pensamiento, aquel sentido de la justicia y aquella exigencia moral que daban a sus discursos una fuerza fuera de lo común. Fidel sólo tenía una obsesión: las injusticias. Y sólo una aspiración: la de construir un mundo mejor. Dedicaba todo su tiempo y toda su vida al pueblo, como acostumbraba decirlo. Era un trabajador incansable, que laboraba día y noche. Solía recibir personas en sus despachos o visitar a delegaciones muy tarde en la noche, apareciendo sin avisar en las "casas de protocolo" donde se hospedaban los visitantes [120]. Asimismo, se comentaba que ya había leído todas las noticias y dejado todas sus instrucciones al amanecer de cada día.

El retrato de Fidel seria incompleto si no se hablara del hombre. El Fidel Castro que conocimos se interesaba en todo y alguna cosa más. No había asunto que no despertase su curiosidad y su inteligencia, ya se tratara de política o de economía, de ciencia o de tecnología, de recursos naturales o de medio ambiente, de música o de artes plásticas, de moda o de

---

[120] A mí me contaron que Domingo Siazón, director general de la ONUDI en tiempos anteriores a mi llegada a Cuba, recibió asustado la visita de Fidel Castro después de la media noche, cuando ya se encontraba él en la cama con ropa para dormir.

gastronomía, de deportes o de simples anécdotas. Pero ciertamente, lo que más le interesaba, era cómo andaba el mundo y cómo cambiar las cosas. Le gustaba escuchar las opiniones de los otros y debatir durante horas, mismo - y en particular - con personas y grupos que tenían visiones del mundo muy ajenas a la suya (como empresarios, eclesiásticos o líderes de derecha, cuando visitaban la isla). Asimismo, tenía un sentido agudo del humor y solía gastar bromas con mucha ironía. En realidad, era un hombre sumamente fino e inteligente, lo que contrastaba con su temperamento don quijotesco, del cual hablaré más adelante. Recuerdo que intercambiábamos ideas de las más diversas, compartiendo copas de vino, cada vez que nos tocaba una recepción en el palacio del la Revolución y que se me presentaba la oportunidad de hablarle informalmente. También se adivinaba que le gustaban mucho las mujeres, mientras que se le atribuía cantidades de amantes y de hijos. Conocimos a una de ellas, pero había sin duda muchos rumores y leyendas sobre su vida privada que no era posible corroborar. De hecho, Fidel era muy discreto y reservado sobre su vida privada y familiar. No se sabía nada de sus relaciones amorosas y familiares, a parte de los rumores. Lo que puedo decir, con certeza, es que era un caballero y que tenía mucho encanto personal. A mi esposa, Monika, siempre le hacía cumplidos cuando la saludaba: sobre el perfume que ella usaba, indagando la marca de este [121], o sobre el vestido que llevaba, preguntando de

---

[121] El perfume que solía usar mi esposa era Cloé, de Lagerfeld, y no el Alicia Alonso, lo que mi esposa, algo confusa, quería esconder (Alicia Alonso, la famosa bailarina criadora del ballet que lleva su nombre y que conocimos bien en La Habana, había en aquel momento lanzado una marca de perfume

donde venía [122].

El Fidel que conocimos es por lo tanto muy diferente de las caricaturas y de los retratos que hicieron de él desde el exilio político y en la prensa hostil a la revolución cubana. Se le pintó como un ser insensible y frío, como un personaje autoritario y sordo, como alguien obsesionado por el poder y por las conspiraciones. En realidad no percibimos nada de esto. Fidel Casto, como cualquier otro, tiene los defectos de sus cualidades y las cualidades de sus defectos. Y como es un personaje fuera de lo común, tiene cualidades y defectos ambos fuera de lo común. Sus cualidades, ya las mencioné: una visión y una inteligencia del mundo excepcional, una exigencia de justicia y un rigor moral fuera de lo común y una capacidad de trabajo y de dedicación a una causa, ilimitada. Sus defectos son precisamente la cara oscura de sus calidades: la obsesión de cambiar el mundo y las cosas conforme a su propia visión, la intolerancia hacia cualquier proyecto o comportamiento que no refleje su exigencia de justicia y de moralidad y la desconfianza hacia los que no tienen la misma capacidad de trabajo y de sacrificio. Es un personaje que oscila entre la determinación y la terquedad.

En realidad Fidel es una especie de fraile, de misionero, obsesionado por darle al mundo un rumbo más justo y más moral y convencido de que solo él, y

---

con su propio nombre).

[122] De hecho, mi esposa diseñaba sus propios vestidos y los mandaba hacer por su modista, la cual era bastante talentosa.

ningún otro, tiene la capacidad de hacerlo. Por eso, según parece, siempre decidió en último lugar y poco delegó a otros la facultad de resolver cuando el asunto era importante. Por eso, sin duda, acabó apartando a todos aquellos que no compartían sin falla su visión y su dedicación. Por eso, igualmente, llegó a promover medidas extremas contra altos responsables políticos y militares, como fue el caso contra el general Ochoa [123]: un proceso y una ejecución que traumatizaron a la isla durante varios años. No obstante, sería impropio calificar a Fidel de "dictador", porque no concentraba en él todos los poderes ni tomaba decisiones solo y de manera arbitraria, aunque su voz y sus posicionamientos siempre han pesado considerablemente en la vida política de la isla, siendo pocos los que se han atrevido a confrontarlo. Su legitimidad no residía solamente en las urnas ni en sus atribuciones constitucionales, sino en la propia Revolución, a la que dedicó toda su vida. Por todas estas razones yo lo calificaría de líder histórico y obsesivo de un proceso revolucionario que no admite contradicciones.

Sin embargo, Fidel también es un Quijote, siempre en busca de "molinos" para aplacar su sed de desafíos. Y en cuanto mayor es el "gigante", más

---

[123] El general Ochoa, el más popular de los generales que ejercieron un mando en Angola, fue fusilado en junio de 1989 con tres otros oficiales, después de un proceso público en el que se les acusó de haberse involucrado en el tráfico internacional de drogas. Hasta hoy no se sabe si aquellas condenas y ejecuciones, ratificadas por el Consejo de Estado, se deben a la popularidad tal vez excesiva del general Ochoa, a la implicación posible de ciertos sectores del Estado cubano en el tráfico de drogas o a aquellos dos factores más algunos otros.

atractivo es para él el desafío. La presencia a 100 millas del imperio cercano alimenta a la vez sus temores y sus fervores: es parte de su vida y parte de su personalidad. Sin los Estados Unidos y sin la constante hostilidad de aquella potencia, Fidel Castro nunca hubiera terminado siendo lo que es: un líder carismático, obsesionado por la presencia cercana del enemigo norteamericano y por el deseo de promover un mundo más justo. El temperamento quijotesco de Fidel no se limita sin embargo a los grandes desafíos. También se manifiesta en declaraciones estruendosas, como la de calificar a Javier Solana [124] como "criminal de guerra" cuando la OTAN decidió bombardear la ex Yugoslavia, en marzo de 1999. Un posicionamiento ético y dogmático que posiblemente contribuyó a socavar la relación de Cuba con la Unión Europea. Fue en aquel momento cuando fue destituido Roberto Robaina, cuyo trabajo como canciller había sido precisamente el de sacar a Cuba del aislamiento [125].

Aunque la vida y el combate de Fidel Castro estuvieron principalmente orientados a realizar la plena independencia de Cuba y a promover el "socialismo" en la isla [126], nunca se limitaron a aquellos dos objetivos.

---

[124] En aquella época secretario general de la Organización del Tratado del Atlántico Norte (OTAN)

[125] Ver: La apertura contrariada.

[126] Hay de mi punto de vista una gran diferencia entre la identificación de Fidel Castro con el socialismo y la implantación en la isla de un sistema político calcado sobre el modelo soviético. Fidel Castro, a mi ver, siempre fue y será un revolucionario romántico y un político talentoso inspirado por el ideal socialista. Su modo de pensar, como sus discursos y sus libros, no son los de un marxista-leninista puro y ortodoxo. Optó según yo, forzado por las

Líder carismático con vocación mundial, obsesionado por las injusticias y por la necesidad de luchar por un mundo mejor, siempre se dedicó a promover un universo más justo y un futuro más seguro para las generaciones venideras. Esta segunda dimensión de su combate probablemente tomó más relieve al desplomarse el "campo socialista". En los tiempos de guerra fría y de confrontación entre el "Este" y el "Oeste" Cuba se había unido al llamado "campo socialista", aunque preservando celosamente su propia identidad (a través, en particular de su liderazgo del Movimiento de los No Alineados). Así, Cuba mandó muchos combatientes a los frentes de liberación del entonces "tercer mundo", así como también a muchos médicos, profesores y técnicos hacia aquellos países [127]. Eso era parte de su misión "internacionalista" y le daba a Cuba una proyección en los asuntos internacionales que superaba con mucho su peso en el ajedrez mundial [128]. Con la caída del "campo socialista" Cuba quedó aislada pero su líder no se conformó con el nuevo orden mundial. Fidel Castro abrió por el contrario un nuevo frente que calificaría yo de *"altermundialista"* [129]

---

circunstancias y el contexto de guerra fría, por un sistema político que sirvió a sus propósitos. No lo hizo por convicción sino por necesidad.

[127] Principalmente pero no exclusivamente en África. Fue sobre todo en Angola que Cuba intervino masivamente a pedido del gobierno angoleño y del MPLA, frente a las agresiones de África del Sur y a la guerrilla de la UNITA apoyada por los Estados Unidos.

[128] Algunos autores llegaron a calificar a Cuba de "la más pequeña de las grandes potencias": *"Cuba, 30 ans de revolution"* (30 años de revolución), Autrement, Paris 1990.

[129] Considero que Fidel Castro fue *altermundialista* antes de la hora, pues

y al que dedicó mucha energía a partir de los '90 (algo que la mayoría de los analistas y observadores no han captado de ningún modo).

Lo que más me impresionó, como representante de las Naciones Unidas, fue descubrir en la persona de Fidel Castro al más impactante vocero del proyecto global por un mundo más justo y más seguro que la ONU trataba de armar con muchos esfuerzos y grandes dificultades [130]. Fidel Castro nunca recibió ningún mandato al respecto pero nunca faltaba la oportunidad para apoyar y promover dicho proyecto. Acudía personalmente en todas las cumbres mundiales [131] y siempre tomaba la palabra para condenar las injusticias y para requerir medidas que mejoraran al mundo, ya se tratara de la población, del medio ambiente, del desarrollo social, de la urbanización o de la alimentación. La voz de Fidel era una voz única y discordante, porque en aquellos foros prevalecían los cálculos políticos, el lenguaje diplomático y las declaraciones sin sabor. El llegaba con una voz fuerte, que hablaba de injusticias, de personas que se mueren

---

sus ideas y sus iniciativas al respeto antecedieron el movimiento *altermundialista* que se cristalizó con las manifestaciones de Seattle y que se expandió posteriormente de forma espontánea y en red.

[130] Me refiero aquí al conjunto de iniciativas promovidas por las Naciones Unidas, dirigidas a imprimirle al mundo un rumbo mejor y más seguro. El punto de partida de aquel proceso fue la llamada "Cumbre de la tierra" en 1992 (Río de Janeiro).

[131] Conferencia sobre Medio Ambiente y el Desarrollo , también llamada "Cumbre de la tierra" (1992), Cumbre mundial para el Desarrollo Social (1995), Segunda Conferencia sobre los Asentamientos Humanos (1996) y Cumbre Mundial sobre la Alimentación (1996).

de hambre, de familias que pelean por su supervivencia y de pueblos que luchan por su dignidad. A mí me daba una inmensa satisfacción porque era bastante familiar con aquel ambiente de indiferencia y de cinismo que caracteriza las conferencias internacionales. Me tocó una vez presenciar directamente la intervención de Fidel en uno de aquellos foros mundiales: la Segunda Conferencia de las Naciones Unidas sobre los Asentamientos Humanos (Habitat II, Istambul, junio de 1996), en la que el Secretario general de la conferencia - mi ex colega y amigo Wally N'Dow - había invitado a un grupo selecto de representantes del PNUD a título de observadores. Fidel habló como siempre: con mucha fuerza en las palabras y mucha convicción en las ideas. Escuchar a alguien que decía la pura verdad y que se atrevía a hablar de lo que no podía mencionarse - a no ser en términos asépticos y diplomáticos - fue par mi un placer indescriptible [132].

Sin embargo, lo que más me motivó, como ciudadano del mundo y como estudioso en mis tiempos libres, fue la organización por parte de Fidel Castro del primer encuentro internacional sobre la globalización (La Habana, enero de 1999) [133], un tema que se volvió desde entonces muy de moda - y hasta tristemente banal

---

[132] Mandé posteriormente a título privado una carta de felicitaciones a Fidel Castro a la cual él me respondió obsequiándome un ejemplar dedicado de sus discursos.

[133] Encuentro internacional de economistas sobre globalización y problemas del desarrollo, formalmente convocado por la Asociación de Economistas de América Latina y el Caribe (AEALC) y la Asociación Nacional de Economistas de Cuba (ANEC).

y confuso - debido a que los *think tanks* neoliberales y los medios a su servicio lo utilizaron como instrumento de manipulación y de justificación de sus proyectos globales. En aquel momento, la revuelta de Seattle [134] no había todavía estallado y el proceso de mundialización sólo había comenzado a ser investigado por pocos economistas y especialistas en ciencias sociales. Personalmente interesado por aquel proceso yo había iniciado un año antes una investigación al respecto, dedicando mis tiempos libres a la redacción de un documento que analizaba el retroceso del rol del Estado en el contexto de la globalización (lo que más tarde se calificó mas adecuadamente de "mundialización") [135]. En aquella época, solía yo visitar a título privado a Osvaldo Martín, el director del Centro de Investigación de la Economía Mundial (CIEM) con quien había trabado amistad y con quien intercambiaba toda clase de ideas sobre el tema que yo investigaba. Fue en aquellas circunstancias que solicité participar en el encuentro internacional - como estudioso del tema y a título estrictamente personal - y presentar un resumen de mi trabajo sobre la declinación del Estado-nación [136].

---

[134] En noviembre de 1999, diez meses después del encuentro, estallaba la primera gran revuelta contra el proceso de mundialización, con la movilización de decenas de miles de activistas provenientes de varias partes del mundo que se opusieron simbólicamente y físicamente a la llamada "Ronda del Milenio" convocada por la Organización Mundial del Comercio (OMC).

[135] Ariel Francais, *"El crepúsculo del Estado-Nación, una interpretación histórica en el contexto de la globalización"*, Documento de debate No 47 del programa MOST, UNESCO (www.unesco.org/most), Paris, 2000.

[136] Presenté unos meses después la tesis central del papel en la Universidad de La Habana, la cual me confirió en aquella oportunidad el título de profesor

El Encuentro reunió a cientos de investigadores de todas partes del mundo, en su mayoría con simpatías hacia la izquierda, pero no exclusivamente [137]. Fidel Casto presidió casi todas las reuniones y participó activamente en los debates. Fue sin duda una reunión muy exitosa en relación a un tema de suma importancia para el futuro del mundo en la que el presidente y líder cubano contribuyó de manera decisiva.

Aunque la imagen de Cuba y de su revolución fuese ampliamente vinculada a la figura carismática de su líder - Fidel Castro - existía también en su proximidad inmediata el círculo muy cercano y cerrado de su familia. A los Castro, el exilio cubano les acusaba de haberse apoderado de la isla y de explotarla como si fuera su finca. Personalmente, nunca tuve la impresión de que un "clan familiar" se hubiera apoderado de la isla pero los vínculos entre los tres hermanos - Ramón, Fidel y Raúl - y con la esposa de Raúl - Vilma Espín - eran sin embargo muy fuertes.

Conocí a Raúl Castro, el hermano menor de Fidel, su compañero de luchas y el segundo personaje en la jerarquía del Estado cubano. Lo vi muchas veces en ceremonias y en actos oficiales, pero sólo me tocó una vez saludarlo personalmente, en el aeropuerto José

---

invitado de la Universidad de La Habana. Participaron en particular en aquella presentación Osvaldo Martínez, el director del CIEM, y Juan Vela, el rector de la Universidad.

[137] Hasta participó un economista, Andrés Solimano, del Banco Mundial, institución que profesa una filosofía de la globalización muy ajena a la que el movimiento altermundialista ha venido defendiendo.

Marti, cuando sustituyendo a Fidel - quien estaba ausente - fue recibir a un jefe de Estado que visitaba Cuba. El hombre era muy diferente físicamente de su hermano, pero inspiraba simpatía a pesar de su apariencia austera y poco carismática. Era bajo y relativamente magro, llevaba un bigote y vestía como siempre su uniforme de general de ejército. También llevaba muchas condecoraciones y una gorra con visera. Nunca se veía a Raúl en las recepciones oficiales pues decían que su hermano Fidel lo mantenía apartado de la vida diplomática (tal vez a propósito, para evitar interferencias en el terreno de las relaciones exteriores, o tal vez, según el rumor, porque le gustaba a Raúl beber y festejar). Sin embargo, se decía y se sentía que Raúl Castro tenía bastante influencia en los asuntos del Estado, sin nunca hacerle sombra, no obstante, a su hermano mayor. Era un hombre discreto, algo cerrado, pero se adivinaba que trabajaba mucho y en estrecha armonía con su hermano. A mí me mandaba cartas, felicitándome por la labor de las Naciones Unidas en Cuba, lo que me hace pensar que nuestro trabajo no le resultaba indiferente.

Sin embargo conocí bien a su esposa, Vilma Espín, ex compañera de lucha de Raúl y descendiente de franceses del lado materno. Cuando conocí a Vilma, era presidente de la Federación de Mujeres Cubanas (FMC), una de las grandes organizaciones de masa que estructuran la vida comunitaria en la isla. Teníamos muchas relaciones de trabajo con Vilma Espín, debido al hecho de que todo lo que se relacionaba con el estatus de la mujer y su emancipación en el sistema de las Naciones Unidas caía en su esfera de actuación.

Vilma era una señora ya madura, algo corpulenta y con un rostro que fue sin duda muy encantador cuando era más joven. Reinaba sobre una corte de seguidoras que se dedicaban todas a temas sobre la emancipación de la mujer. Yo me las cruzaba cada vez que visitaba la sede de la Federación de Mujeres. Apoyábamos varios proyectos de la Federación, a través en particular del UNIFEM [138], como también su labor en la preparación y el seguimiento de la Cuarta Conferencia Mundial sobre las Mujeres (Beijing + 10). Nuestras relaciones eran muy cordiales, aunque a veces algo difícil. Una vez Vilma quiso prohibir el lanzamiento de un libro del UNIFEM en Cuba, titulado *"Las mujeres contra la violencia: rompiendo el silencio"* con el cual, por una razón obscura, ella discordaba. Nos amenazó de impugnar el libro si manteníamos el lanzamiento público, por lo que adoptamos un perfil bajo para poner fin a aquella crisis (nuestro papel era más de convencer y de asesorar que de alimentar polémicas infructuosas).

Completando el cuadro familiar, también conocí a Ramón Castro. Don Ramón, como lo llamaban todos, era un personaje jovial y muy directo, muy parecido en corpulencia y cara a su hermano Fidel (aunque mayor que él). Era una persona sencilla y sin pretensiones que se presentaba a sí mismo como un "campesino" y que hablaba a menudo de la caña de azúcar, de cómo se cultivaba, de cómo se cortaba y de cómo se cosechaba. También solía proclamar su "fe cristiana y revolucionaria", recordando - según sus propias

---

[138] Fundo de las Naciones Unidas para las Mujeres (UNIFEM)

palabras - que "Cristo fue el primer de los revolucionarios". Mi esposa y yo lo encontrábamos a menudo en las reuniones de diplomáticos donde solía ser invitado y donde muchos invitados lo rodeaban, algunos por curiosidad y otros por simpatía. Era como si fuera el enviado especial de Fidel, aunque no tuviese mandato ni pretensión de tenerlo.

El aparato de Estado

Una de las cosas que más me sorprendieron cuando llegué a Cuba fue la identificación del Estado con el Partido, y viceversa, algo que en mi formación de derecho y de ciencias políticas y en mi mentalidad de funcionario nacional y posteriormente internacional era propiamente inconcebible. La propia constitución cubana asimilaba el Estado al Partido [139] y muchas veces las declaraciones públicas se referían - en su preámbulo - al Estado y al Partido. De hecho, aquella referencia no era sólo de carácter constitucional y retórica porque todos los dirigentes del Estado pertenecían al Partido y porque, con toda evidencia, era necesario ser miembro del Partido para alcanzar responsabilidades administrativas y gubernamentales. El aparato de Estado presentaba obviamente una imagen muy parecida a la de los aparatos que rigieron la ex Unión Soviética y las antiguas democracias populares (lo que no era de extrañar, visto los intercambios y las interacciones que se dieron durante todo el tiempo en que Cuba quedó integrada al difunto "campo socialista").

En la cúpula del Estado cubano se hallaban los

---

[139] La constitución especifica en su artículo 5º que: "El Partido Comunista de Cuba, martiano y marxista-leninista, vanguardia organizada de la nación cubana, es la fuerza dirigente superior de la sociedad y del Estado".

más altos responsables del régimen revolucionario: aquellos dirigentes históricos que hicieron la Revolución y que le dieron continuidad en los más elevados cargos del aparato gubernamental. Me refiero aquí naturalmente a Fidel Castro, quien acumulaba los cargos de presidente del Consejo de Estado y presidente del Consejo de Ministros así como de primer secretario del Partido Comunista de Cuba (PCC), y a su hermano Raúl Castro, quien cumulaba los cargos de primer vicepresidente del Consejo de Estado y de ministro de las Fuerzas Armadas Revolucionarias, así como de segundo secretario del Partido. Había también otros dirigentes históricos, como el comandante de la Revolución Juan Almeida Bosque, vicepresidente del Consejo de Estado, y Vilma Espin, miembro del Consejo de Estado y presidente de la Federación de Mujeres Cubanas (FMC).

Sin embargo, el Consejo de Estado, emanación directa de la Asamblea Nacional del poder Popular [140], y que ejerce varias prerrogativas ejecutivas y legislativas - como la de legislar cuando la Asamblea no está reunida o de asumir la representación máxima del Estado cubano - reunía un mezcla de personalidades muy diversas, mezcla difícil de entender para el observador externo pero sin duda representativa de los delicados equilibrios que debían

---

[140] Conforme al artículo 89° de la constitución: *"El Consejo de Estado es el órgano de la Asamblea Nacional del Poder Popular que la representa entre uno y otro período de sesiones, ejecuta los acuerdos de esta y cumple las demás funciones que la Constitución le atribuye. Tiene carácter colegiado y, a los fines nacionales e internacionales, ostenta la suprema representación del Estado cubano".*

existir en aquella entidad. Fuera de los dirigentes históricos había miembros influyentes del Partido - como José Ramón Machado y José Ramón Balaguer - oficiales generales de las fuerzas armadas - como el general Abelardo Colomé y el general Ulises Rosales del Toro - miembros influyentes del gobierno - como Carlos Lage, Osmany Cienfuegos, Carlos Dotres, Armando Hart, Roberto Robaina o Rosa Elena Simeón - y otros responsables como el secretario particular de Fidel Castro - Felipe Pérez Roque - y el Fiscal General de la república - Juan Escalona. Pero también había varios miembros cuyos nombres no me decían nada (algunos vinculados al Poder Popular y otros a las organizaciones de masa).

Subordinado al Consejo de Estado pero a cargo del poder ejecutivo seguía el Consejo de Ministros. Este era responsable de la conducción de la política gubernamental y reunía también una mezcla de varias personalidades, algunas con carácter político y otra con carácter más técnico. El Consejo de Ministros era presidido por Fidel Castro, en su calidad de presidente del consejo. Raúl Castro seguía en el orden jerárquico, en su calidad de primer vicepresidente. Había también otros vicepresidentes - como Carlos Rafael Rodríguez y José Ramón Fernández - con funciones, según me parecía, más honoríficas que operativas. El Consejo de Ministros era apoyado por la oficina de Carlos Lage quien, en su calidad de secretario del Consejo y de su Comité Ejecutivo asumía un papel de coordinación de la política gubernamental (un papel similar al de un primer ministro en un régimen de tipo presidencial). Seguían después los propios ministros, todos miembros del ejecutivo pero con características muy diferentes. Algunos eran miembros del Consejo de Estado, con un perfil político bastante afirmado, como Raúl Castro - ministro de las Fuerzas Armadas - Rosa Elena Simeón - ministra de Ciencia, tecnología y medio ambiente - Armando Hart - ministro de la Cultura - Abelardo Colomé - ministro del Interior - Roberto Robaina - ministro de Relaciones Exteriores - y Carlos Dotres - ministro de Salud Publica. Otros eran ministros, con un perfil yo diría más técnico, como José Luis Rodríguez - ministro de Finanzas y precios y, posteriormente, ministro de Economía y Planificación - Ibrahim Ferradaz - ministro de la Inversión Extranjera y de la Colaboración Económica - o Luis Ignacio Gómez - ministro de la Educación. Otros tenían un papel meramente burocrático, pues supervisaban cada cual un sector muy estrecho de la economía nacional (como la industria alimenticia, la industria básica, la industria ligera, etc.), aunque el sector del azúcar - altamente estratégico para Cuba - era dirigido por un general (Ulises Rosales del Toro). Debido a mis funciones, conocí a la gran mayoría de los ministros durante los cinco años de mi misión en Cuba, algunos de manera bastante íntima y otros de forma exclusivamente profesional.

Sin embargo, el propio aparato burocrático no se hallaba a nivel de los ministros sino a nivel de todas las entidades que de una forma u otra ellos supervisaban: los propios ministerios, los institutos con vocación específica, las empresas estatales y todas las entidades subordinadas de una forma u otra al Estado. Ahí se encontraba la burocracia en su estado puro, la que estaba al mando cotidiano del Estado: los presidentes de los institutos con vocación específica, los viceministros y directores de departamentos ministeriales y los dirigentes de entidades públicas con carácter administrativo, industrial o comercial. Aquellos dirigentes eran asistidos por numerosos funcionarios y empleados de rango medio e inferior, los cuales formaban los ejércitos del aparato burocrático. Aquel aparato era de naturaleza administrativa. Pero era doblado con toda evidencia por el Partido y sus células, lo que debía generar interferencias e incoherencias entre las dos cadenas de mando (la administrativa y la política). Uno puede imaginar que aquellas contradicciones se resolvían gracias al hecho de que muchos responsables de la administración también eran miembros del partido y, viceversa, que muchos dirigentes del partido también asumían responsabilidades en la propia administración [141]. No obstante, si el conflicto era grave es probable que se haya resuelto a nivel del Consejo de Estado, dado que era en aquel órgano en donde se operaba a mí ver la simbiosis entre las diferentes componentes del poder cubano: la revolucionaria - que le confiere su legitimidad histórica - la partidaria - que le asegura su base política - y la burocrática - que le da su asiento administrativo.

---

[141] Es probablemente una estructura de aquel tipo la que terminó paralizando la economía soviética, a pesar de los esfuerzos emprendidos por Gorbachov para reformar las estructuras y el funcionamiento del sistema soviético. Me refiero aquí a la Glasnost y a la Perestroika, procesos que fueron severamente criticados por el régimen cubano, quien los consideró como una amenaza para la estabilidad política de la isla.

Pertenecer al aparato burocrático daba algunos beneficios a sus dirigentes. Tenían en general un medio de transporte - un automóvil de marca Lada- y tenían, según entendí, facilidades de abastecimiento en lo que se refiere a productos de consumo (lo que era bastante apreciable en el clima de crisis que imperaba entonces). También podían financiar almuerzos y cenas de trabajo (gastos de hospitalidad) y viajar al exterior del país (misiones oficiales). Sin embargo, no eran privilegios exorbitantes si uno los compara a los que altos funcionarios de rango equivalente tienen en otros sistemas y países del mundo. El mayor privilegio a mi ver no era de orden material sino de orden moral: el de pertenecer a una suerte de *nomenklatura* [142], un fenómeno que sin llevar aquel nombre en la isla era bastante similar al que imperaba en la extinta Unión Soviética. Formaban ellos parte de una *elite*: la que está al mando del Estado y del Partido, sin olvidar las fuerzas armadas [143]. Aquello les daba un cierto prestigio, aunque raramente lo ostentaban.

Mi relación con la burocracia y las reglas de conducta que tuve que observar al llegar en Cuba me fueron de cierto modo dictados por el Minvec [144], el

---

[142] En la ex Unión Soviética el término de *nomenklatura* designó al principio la lista de los compañeros del partido que merecían ejercer responsabilidades en el aparato político, administrativo y militar. Sin embargo, terminó adquiriendo una connotación peyorativa para designar todos los privilegiados del sistema imperante.

[143] Las Fuerzas Armadas Revolucionarias son poco visibles en Cuba. Solo se las ve en ceremonias oficiales y casi nunca en las ciudades o en el campo. Sin embargo son muy presentes en la economía, incluso en el sector turístico. Muchas empresas dependen de ellas y muchos oficiales asumen cargos de dirección.

[144] Ministerio de la Inversión Extranjera y de la Colaboración Económica

departamento ministerial a cargo de la colaboración económica con el exterior (el cual era, a nivel ministerial, nuestra contraparte directa en todo lo que se refiere a la cooperación multilateral).

La primera regla de conducta, me la dictaron en Ginebra, pocos meses antes de viajar a Cuba para asumir mis nuevas funciones de representante residente del PNUD y de coordinador residente de las Naciones Unidas en aquel país. Me encontré en Ginebra por la primera vez con los tres funcionarios del Minvec responsables de la cooperación con el sistema de las Naciones Unidas, que se encontraban allá para la sesión anual del ECOSOC [145] y la reunión del Consejo de Administración del PNUD: Raúl Taladrid, viceministro a cargo de la colaboración económica, Pedro Morales, director para la cooperación multilateral, y Salvador Cabeiro, funcionario a cargo de las instituciones del sistema de las Naciones Unidas. En aquella ocasión, y de manera informal durante un coctel, se me ocurrió avanzar unas ideas sobre el futuro de Cuba y sobre lo que podría emprenderse al respecto. De inmediato Pedro Morales me cortó la palabra diciéndome: *"¡A nosotros, los Cubanos, no nos gusta que nos digan lo que tenemos que hacer!"*. El mensaje era claro: no trates de entrometerte en los asuntos de la isla.

La segunda regla de conducta me la dictaron cuando Pedro Morales vino a recibirme en el aeropuerto José Martí, al pie del avión, para desearme la bienvenida a Cuba y acompañarme hasta mi futura

---

[145] Consejo Económico y Social de las Naciones Unidas

residencia. Recuerdo que, poco después de saludarme, Pedro me explicó que si yo lo solicitaba, podría importar mi arma personal: un revolver que me seguía desde África y a propósito del cual yo había informalmente preguntado a alguien de la embajada de Cuba en Ginebra si era un problema llevármelo a la isla. Una manera de decir, desde el principio: como lo ves, sabemos todo de ti, así que no trates de escondernos algo. De hecho el director para América Latina del PNUD, Fernando Zumbado, al cual yo reportaba en mi calidad de representante residente, ya me había advertido que en Cuba las autoridades sabían de todo: *"hasta del color de tus calzones"*, había él especificado. Y corría también la anécdota en Nueva York de que mi futura residencia estaba llena de micrófonos (lo que había sido comprobado ya que un oficial de seguridad de la sede, en visita de trabajo a La Habana, lo había descubierto con un aparato especial que hacía una señal cada vez que localizaba un micrófono). De ahí que cuando llegaba irritado en casa, por haber aguantado una bofetada de las que solía darme la burocracia cubana, yo soltaba a voz en cuello algunos comentarios al respecto, para comunicar mi disgusto por la vía informal a las autoridades del país.

La tercera regla de conducta me la dictaron por escrito, pocos meses después de que asumiera mis nuevas funciones en La Habana, cuando Raúl Taladrid me mandó una carta acusándome de entrometerme en los asuntos internos de Cuba. Recuerdo que mi adjunto, Martín Santiago [146], irrumpió en mi oficina y

---

[146] Los dos representantes adjuntos del PNUD que me acompañaron durante

me entregó la carta diciéndome: *"Ariel, tenemos un problema"*. La carta de tres páginas expresaba en términos vigorosos "la sorpresa del gobierno" cubano por haber yo supuestamente lanzado una iniciativa para promover el desarrollo de las ONGs [147] en Cuba sin el acuerdo formal del propio Gobierno (un programa en realidad promovido por el PNUD a nivel mundial y no dirigido específicamente hacia Cuba). La carta añadía, con una multitud de detalles y de argumentos legales, que aquello constituía "una violación" del acuerdo suscrito entre el PNUD y el gobierno, "una violación" del conjunto de las resoluciones de la Asamblea General que regían mis funciones, así como "una violación" de las disposiciones legales vigentes en Cuba para las actividades de cooperación internacional. Una manera también muy clara de decirme: no tomes iniciativas en Cuba sin pedirnos permiso. Transmití deliberadamente la carta a mi sede, pidiendo instrucciones e informándole al Minvec, desactivando de ese modo el mecanismo de intimidación hacia mi persona que había sido armado.

De hecho el Minvec tenía la manía de querer controlarlo todo, lo que era su función connatural. A nivel de los principios, aquella situación no me incomodaba, porque mi misión suponía - por definición - entrar en diálogo con el gobierno para identificar sus necesidades de cooperación externa, proponer pistas y elementos de respuesta a sus problemas de desarrollo,

la mayor parte de mi misión en Cuba fueron Martín Santiago, seguido por Jessica Faieta, los dos muy eficientes y muy queridos. Hicieron ambos, posteriormente, una brillante carrera dentro de la organización.
[147] Organizaciones No Gubernamentales

diseñar conjuntamente iniciativas y programas para solucionarlos e ir implementándolas. Todo aquello, yo lo hacía con total transparencia y sobre la base de un enfoque plenamente consensual. En la práctica, sin embargo, aquella obsesión del Minvec de controlarlo todo muchas veces me irritaba en mi trabajo cotidiano. Aquel ministerio tenía algo de estaliniano en su manera de comportarse, tal vez heredado de su pasado histórico, pues bajo su antigua apelación de Comisión Estatal de Colaboración Económica, era el canal exclusivo de toda la cooperación de Cuba con los países del CAME [148] antes del desplome del antiguo *campo socialista.*

Mi oficina se encontraba a sólo cinco minutos a pie del Minvec, lo que resultaba muy práctico para nuestro trabajo cotidiano y para los contactos por ambas partes. Podía yo visitar a pie al ministro con el cual tenía la más próxima relación de trabajo: Ernesto Meléndez, cuando llegué, y después Ibrahim Ferradaz, durante la mayor parte de mi tiempo en Cuba. Tenía yo con ellos relaciones muy cordiales, pues a ese nivel nunca se tocaban los temas sensibles. También nos visitaban a menudo, sin avisar, los funcionarios del ministerio (todavía no sé si era por inconsecuencia por parte de ellos o a propósito, para dejarnos entender que estábamos en *su* territorio). Me caían así encima, sin cita, en mi propio despacho, los que yo llamaba los tres mosqueteros, es decir: Raúl, Pedro y Salvador (los llamaba así desde Ginebra porque siempre andaban juntos y casi nunca se separaban, como para apoyarse o

---

[148] Consejo de Ayuda Mutua Económica

vigilarse recíprocamente). Como llegaban siempre sin avisar, y muchas veces para amonestarme, yo sentía una cierta irritación que trataba de disimular mientras les ofrecía un café. Tenía yo con Raúl y con Pedro relaciones contradictorias, que eran a veces muy cordiales y amistosas pero otras veces muy tensas y conflictivas cuando se abordaban temas sensibles (los temas político-ideológicos en particular, como el concepto de la sociedad civil, el papel de las ONGs, etc.). Solían ellos llamarme de *tú*, como si fuéramos compañeros de célula, trato al que yo correspondía sin complejo. De hecho no había mucho formalismo en Cuba, donde muy pocos me llamaban por mis títulos o me decían usted. Yo era a menudo el "compañero Ariel" o simplemente "Ariel", lo que en la realidad no me incomodaba.

Sin embargo y felizmente, yo no dependía exclusivamente del Minvec para el ejercicio de mis funciones. Nuestra cooperación tenía un segundo pilar: el Minrex [149], el ministerio a cargo de las relaciones exteriores, con el cual manteníamos las relaciones más corteses. Aquel ministerio era responsable de la diplomacia multilateral y de todo lo concerniente al trabajo de Naciones Unidas. En términos de estatuto, yo inter-actuaba con aquel ministerio, con rango de jefe de misión diplomática y con los privilegios e inmunidades conferidas a la Organización de las Naciones Unidas. Mis credenciales, firmadas por el secretario general de entonces, Boutros Boutros-Ghali, me acreditaban ante el ministro de Relaciones

---

[149] Ministerio de las Relaciones Exteriores

Exteriores, en aquel tiempo Roberto Robaina. Mis principales interlocutores en le Minrex, fuera de Robaina, fueron el viceministro primero, Jorge Bolaños y las viceministras Isabel Allende y María de los Ángeles Flórez, sucesivamente responsables del sector de la diplomacia multilateral. En la dirección de Asuntos Multilaterales tenía yo relaciones de trabajo con Eumelio Caballero [150] - director posteriormente promovido viceministro - y con su sucesor Abelardo Moreno, sin olvidar al subdirector Enrique Moret [151] .

En lo que se refiere a la labor de las Naciones Unidas, las principales preocupaciones de la dirección de Asuntos Multilaterales eran por supuesto el "bloqueo" norteamericano y la cuestión de los derechos humanos, de los cuales trato en otros capítulos. El Minrex era de cierto modo todo lo contrario del Minvec. A mí me encantaba ir allá por el ambiente de apertura, de cortesía y hasta de exotismo que reinaba en el edificio, el cual abrigaba - debido con toda evidencia a la personalidad del canciller cubano - a numerosos pájaros tropicales que poblaban la entrada de la cancillería (entre los cuales varios papagayos que no paraban de expresarse en su propio idioma).

---

[150] Antes de viajar a Francia, donde fue posteriormente nombrado embajador de Cuba, Eumelio Caballero me pidió en julio de 1998, a título personal y amistoso, facilitarle algunos contactos informales. Intenté de organizar un almuerzo amistoso con el ministro francés de Relaciones Exteriores, Hubert Vedrine, al que conocía del tiempo en que militábamos ambos en el Partido Socialista, pero el almuerzo no se dio porque Vedrine no quiso comprometerse de esa forma.

[151] Reencontramos posteriormente a Enrique Moret y su esposa en Túnez, donde fue nombrado embajador de Cuba mientras que yo había sido designado coordinador residente de las Naciones Unidas en aquel país.

También tenía ahí amigos, como el asesor del ministro para la información, César Gómez, con el cual salía a divertirme, acompañado por nuestras esposas.

Fuera de los dos pilares de nuestra cooperación, estábamos por supuesto en relación con todos los ministerios con los cuales trabajábamos, sea para preparar o seguir conferencias internacionales, sea para diseñar e implementar programas y proyectos, sea además para realizar actividades relacionadas con los mandatos de los fundos, programas y agencias del sistema de las Naciones Unidas. Trabajábamos, por ejemplo, con el Ministerio de las Fuerzas Armadas en el área de la prevención de las catástrofes naturales, con los Ministerios de la Justicia y el del Interior en el área de la lucha contra el narcotráfico y con el Ministerio de Ciencia, Tecnología y Medio Ambiente en el área de la preservación del medio ambiente. Con el ministro de la justicia Carlos Amat, en particular, diseñamos el programa nacional de prevención del uso indebido de drogas, mientras que con Rosa Elena Simeón, la ministra a cargo del medio ambiente, implementamos, entre varios, el programa de preservación de los archipiélagos de Sabana y Camagüey (un gran programa financiado por el Fondo Mundial para el Medio Ambiente, destinado a preservar los eco-sistemas marítimos y costeros de dicha área)

Teníamos también una amplia gama de actividades relacionadas con el desarrollo económico: apoyo al desarrollo rural (agricultura, agropecuaria, pesca y alimentación, con el financiamiento del PNUD y del PMA y con el apoyo de la FAO) y al desarrollo

industrial (industria azucarera y de derivados de la caña
de azúcar, industria farmacéutica y biotecnológica,
industria minero-metalúrgica e industria química, con el
financiamiento del PNUD y el concurso de la ONUDI
y de la UNESCO en particular). Teníamos por lo tanto
relaciones muy seguidas con todos los ministerios que
cubrían aquellos ramos (como lo señalé más arriba,
cada sector de actividad y sus empresas eran
supervisados por un ministerio, por lo que había
muchos ministerios con vocación vertical).

Pero lo más innovador en el periodo que me
tocó, fue trabajar con los ministerios e instituciones a
cargo de las políticas macro-económicas del país. A
nivel del gobierno, esa área era de cierto modo
supervisada y coordinada por Carlos Lage,
vicepresidente del Consejo de Estado y secretario del
Consejo de Ministros, que fungía como un primer
ministro (aunque el cargo no existiese, pues el Consejo
de Ministros era presidido por Fidel Castro, con Raúl
Castro como primer vicepresidente). Yo me encontraba
frecuentemente con Carlos Lage, pues él era el punto
focal para las visitas de alto nivel. Así que cuando
acompañaba a un visitante de alto rango tenía yo, en
aquella oportunidad, una visión de primera mano sobre
lo que estaba pasando en el país y sobre las intenciones
del gobierno al respecto. A nivel más operacional, fui
asociado de cerca al proceso de reformas emprendido
por el gobierno para recuperar la economía, como lo
explicaré más adelante. Fue por un lado una labor de
análisis y de intercambio de ideas, emprendido con el

concurso de la CEPAL [152] . Me tocó así tener relaciones de trabajo muy cercanas con José Luis Rodríguez, el ministro de Economía y Planificación. Fue por otro lado el lanzamiento de un programa de apoyo a la recuperación económica del país, apoyado por el PNUD, que involucró a los ministerios de la Economía, de Finanzas y del Trabajo, así como al Banco Central de Cuba.

Para completar la descripción del aparato de Estado y de los ministerios con los cuales trabajábamos hay que mencionar los sectores sociales. En aquellos sectores, que son los de mayor prestigio para la imagen de Cuba en el mundo, teníamos también numerosas actividades operacionales: apoyo al desarrollo de la educación y de la cultura (con el financiamiento del PNUD y de la UNICEF y con el concurso de la UNESCO) y apoyo al desarrollo de la salud, incluyendo la salud reproductiva y el suministro de agua potable y el saneamiento (con el financiamiento del PNUD, de la UNICEF y del FNUAP y con el concurso de la OMS). Teníamos de este modo contactos constantes con los ministros de la Educación y de la Cultura, y sus colaboradores, así como con el ministro de la Salud y el personal de salud pública.

Sin embargo, nuestra cooperación no se limitaba a las administraciones centrales pues desarrollamos actividades a nivel local con las provincias y los municipios. Lanzamos en particular un programa muy novedoso llamado "Programa de Desarrollo Humano a

---

[152] Comisión Económica y Social para la América Latina (ONU)

nivel Local" (PDHL), implementado por el PNUD con el apoyo de la UNOPS [153] y el financiamiento de Italia, el cual contemplaba la implementación de iniciativas locales en las provincias de Granma y de Pinar del Río y en el municipio de La Habana Vieja para la promoción de la educación, de la salud, de la económica y del medio ambiente. La particularidad de aquel programa era que implicaba un proceso participativo de la base para la formulación de micro-proyectos así como la cooperación descentralizada de las regiones y de los municipios de Italia.

Así que conocí en Cuba, durante los cinco años que estuve allá, todos los renglones del aparato de Estado y de la burocracia cubana. Viví aquella experiencia de modo contradictorio. Por un lado, tenía yo acceso a los más altos escalones del poder y contactos directos con el jefe del Estado y los miembros del gobierno. Tenía así, de cierto modo, acceso a informaciones críticas sobre la evolución y el futuro del país y posibilidades de contribuir - no de interferir - con ideas y con iniciativas a la dinámica de su historia [154]. Por otra parte, yo era vigilado por el aparato

---

[153] Oficina de las Naciones Unidas para los Servicios a los Programas

[154] Cuando hice carrera en el PNUD, y todavía en Cuba, el representante residente era antes que todo el enviado de la Naciones Unidas y el interlocutor del gobierno para su proceso de desarrollo. El "diálogo político" (*policy dialogue*) y la "formulación de estrategias" (*strategy formulation*) eran pasos de suma importancia para la elaboración conjunta de respuestas adecuadas y de programas efectivos en áreas críticas para el futuro del país. Se requería de los representantes calidades raras de encontrar en una sola persona: visión holística de los problemas, capacidades analíticas pluridisciplinarias, habilidades diplomáticas y de negociación a los más altos niveles, capacidades de gestión para coordinar equipos, implementar programas y supervisar fondos y muchas otras. Nada que ver con el trabajo

burocrático del Estado y, posiblemente atrás de él, por el aparato ideológico del partido, que me soltaban las riendas para implementar iniciativas pero siempre estando atentos a lo que yo emprendía, llamándome la atención cada vez que pisaba terrenos prohibidos. Sin embargo, fue la experiencia más gratificante de toda mi carrera, porque nunca sentí tanto como en Cuba que podía influir, de una forma o de otra, en el curso de la historia.

---

que iría yo emprender al salir de Cuba, después de que Marc Malloch Brown, el nuevo administrador del PNUD, intentó transformar el PNUD en una especie de corporación transnacional, regida por el dogma de los resultados y administrada según los criterios del sector privado. De enviado especial para los asuntos de desarrollo el representante residente se convirtió entonces en una suerte de gerente de subsidiaria, cuyas metas eran determinadas por la sede y cuyos resultados eran medidos mediante indicadores (algo que iría a ocurrir posteriormente en las administraciones públicas de muchos países, con la implementación de políticas neoliberales y la imposición del culto a los "resultados").

La sociedad cubana

Sería presuntuoso calificar a una sociedad, porque las generalizaciones tienden a ocultar las particularidades y a ofrecer una imagen simplificada de la realidad. Me pareció sin embargo oportuno resaltar aquí los grandes rasgos de la sociedad cubana, tales como los percibí, y que permiten aclarar la historia de aquel país y las aspiraciones de su pueblo. Sin embargo, necesito aclarar que existen diferencias acentuadas entre la cara urbana y la cara rural de la sociedad cubana, como en cualquier otro país. Las grandes ciudades, como La Habana y Santiago de Cuba, ofrecen más oportunidades por ser polos administrativos y económicos, por reunir un gran número de personas que interactúan y por concentrar más vida intelectual y cultural. Por otro lado, la vida en las ciudades es más tensa y complicada, debido a los problemas de vivienda, de transporte y de abastecimiento propios al medio urbano. Las pequeñas ciudades y el campo ofrecen al contrario menos oportunidades y las mentalidades son allá más tradicionales pero el ritmo de las actividades es menos tenso y la calidad de la vida es generalmente mejor. Hay que resaltar además que las medidas tomadas desde el principio de la Revolución han significativamente mejorado la vida en el campo.

La Cuba contemporánea, como se sabe, nació con la conquista de la isla por la corona de España hecho que conllevó el exterminio de su población indígena a principios del siglo XVI. Plaza fuerte en el Caribe del dispositivo de saqueo de las riquezas del nuevo mundo por los conquistadores españoles, la isla se convirtió paulatinamente en un centro de comercio marítimo y en una plataforma de cultivos tropicales (como la caña de azúcar y el tabaco) que requerían mano de obra abundante. Contribuyó de este modo al desarrollo del llamado comercio triangular en el que se compraba esclavos en África y se les vendía en el nuevo continente, mientras que se exportaba hacia Europa los productos del nuevo mundo (el tabaco, el azúcar y el ron en el caso de Cuba). Los grandes latifundios y los ingenios requirieron numerosos esclavos, lo que alimentó la inmigración forzada y masiva de africanos hasta el siglo XIX. Como resultado de aquel proceso se estableció una sociedad esclavista, cn la que habría de darse un mestizaje a lo largo del tiempo.

Por lo que acabamos de evocar, la sociedad cubana es en primer lugar una sociedad mezclada en la cual han convivido blancos, negros y un gran número de mestizos. En ese ámbito se mezclaron los modos de vida y las creencias de las comunidades europea y africana, generando la cultura multifacética que caracteriza a la isla (un proceso muy similar al que dio luz en la sociedad brasileña). Los españoles aportaron su fe y la religión católica, la cual está todavía muy presente en Cuba, como lo veremos más adelante. Los africanos contribuyeron con sus creencias y el animismo, que se manifiestan hasta hoy en la práctica de la *santería* (un sincretismo religioso entre catolicismo y animismo, muy parecido al del Brasil). Lo mismo ocurrió en otras áreas, como la música, por ejemplo. Los instrumentos y los cantos de la *trova* son predominantemente de origen español, mientras que los instrumentos y el género del *son* y todos sus ritmos derivados - entre los que está la *salsa* - son típicamente de origen africano. Podríamos multiplicar así los ejemplos, ilustrando las dimensiones del mestizaje y la multiculturalidad de la sociedad cubana.

En términos de estructuras sociales, puede afirmarse que en Cuba las desigualdades han prácticamente desaparecido. Antes de la Revolución había, como lo hemos mencionado, un puñado de personas muy ricas, todas blancas. En aquella época la inmensa mayoría de la población era pobre, negros y mestizos por igual. Había sin embargo una clase media, en su mayoría blanca, la cual salió en parte de Cuba, como antes lo señalamos. Con el proceso revolucionario, y con la salida al exilio de los estratos más ricos, la sociedad cubana se homogeneizó. No existen hoy en Cuba personas muy ricas ni personas en la extrema pobreza, como sucede en el resto de América Latina, pues los más ricos se exilaron, los más pobres mejoraron su nivel de vida y a todos se les dio lo esencial para vivir una vida decente. Como ya lo mencioné, todos los cubanos tienen un techo (la gran mayoría son propietarios), todos tienen acceso a la educación y a la salud (las cuales son gratuitas), todos pagan tarifas mínimas para los transportes y los servicios públicos (los cuales son subsidiados) y todos reciben a través de la libreta una canasta de productos de primera necesidad (a precio insignificante). Por lo tanto, convertir en dólares o en euros los salarios en pesos que reciben los cubanos y compararlos con los de un estadounidense o de un europeo - como lo hacen ciertos analistas mal intencionados o ignorantes de la realidad cubana - no tiene ningún sentido, porque se comparan niveles de salarios y estructuras de precios y de consumo que no tienen nada que ver los unos con los otros.

Sin embargo, sería falso afirmar que en Cuba no existen disparidades sociales y que fueron eliminadas para siempre. En primer lugar - y fuera de la incidencia del embargo sobre la economía - hubo un retroceso crítico del nivel de vida en Cuba debido al desplome de las relaciones económicas y comerciales con el antiguo *campo socialista*. Como lo analizamos antes, el mantenimiento de las viviendas, la calidad de la educación y de la salud, el acceso a transporte y a energía y la consistencia de la canasta básica se han deteriorado considerablemente al desaparecer aquella relación privilegiada. Este retroceso afectó sin duda mucho más las ciudades que el campo, debido al deterioro continuo de los edificios, a los problemas de transporte, a las dificultades para encontrar alimentos y muchos otros problemas propios al medio urbano. Además, y en ese contexto, las taras inherentes al modo de gestión de la economía cubana y la escasez sistémica y generalizada que este modo de gestión genera se han agudizado. En segundo lugar, y paralelamente, las estrategias públicas y privadas de sobrevivencia en este clima de crisis han generado nuevas disparidades. La legalización de la tenencia de dólares en manos de particulares y la dolarización parcial de la economía en particular han creado nuevas disparidades entre los que tienen acceso a dólares y los que no lo tienen. Los que reciben dólares pueden así satisfacer sus necesidades de consumo básico e incluso del superfluo, en los mercados paralelos y en el mercado negro, mientras que los que no tienen dólares deben luchar para sobrevivir en una economía de penuria. Por este motivo - lo analizaremos más adelante - el régimen cubano teme que en cuanto más se liberalice la economía más se generen disparidades sociales.

Sobrevivir en una economía de penuria y resolver los problemas de cada día eran la obsesión y la ocupación central de cada cubano en los tiempos que estuve en Cuba. Felizmente Dios le dio al cubano una inmensa capacidad creativa y también bastante humor para enfrentar las dificultades, lo que ayuda a superar situaciones como las que se vivían en aquel periodo. Se notaba la creatividad y la imaginación del cubano todos los días en las calles, donde los carros americanos de los años 50 - aquellos carros inmensos y coloridos que solo se ven hoy en las películas - todavía andaban valientemente por todas partes (sobrepasaban en número y en apariencia a los tristes Ladas grises del Gobierno, único privilegio concedido en forma de vehículo a los altos funcionarios y a los ministros). La reparación y el mantenimiento de aquellos carros eran por sí mismo un milagro que solo un cubano podía conseguir. Recuerdo en este sentido que el jardinero que nos servía - Martín - solicitó un día comprar la vieja cortadora de césped de la oficina que sería desechada, para convertir su motor en propulsor de bicicleta, ya que su moto se había echado a perder. ¡Y lo consiguió! Por otra parte, había mil y una maneras de resolver las cosas, pues "resolver" era la palabra clave en aquellos tiempos.

Para resolver sus problemas, muchos cubanos ejercían actividades que eran más o menos legales o toleradas. La legalización de los mercados agropecuarios y de ciertas actividades por cuenta propia abrió la puerta en aquel periodo al ejercicio de actividades no asalariadas pero también, por extensión y al margen de la legalidad, a todo tipo de actividad subterránea y lucrativa. Unos producían sus propias hortalizas y las vendían en los mercados agropecuarios mientras que otros fabricaban artesanías y las ofrecían en los mercados artesanales. Podía uno ser plomero, taxista o modista y ganar dinero de esta forma (me dijeron que hasta médicos trabajaban de taxista). También se vendían muebles y antigücdades en casa privadas, de manera semi clandestina. Y numerosas familias comenzaron a abrir restaurantes privados en sus propias casas: los famosos *paladares*. Mucho de aquella creatividad e imaginación se ejercía al margen de la legalidad porque lo que supuestamente estaba autorizado nunca lo era de manera bien clara - a propósito, me parece - y podía en todo momento ser sancionado por las autoridades. Sin embargo existían también varias prácticas que eran claramente ilegales, tales como el robo de mercancías en fábricas y en almacenes, la cuales eran vendidas subrepticiamente.

No obstante, y a pesar de las dificultades, nunca sentí que la gente en Cuba viviera en estado de desesperación. Había muchos motivos de queja pero, a pesar de ellos, la gente siempre se mostraba positiva y confiada en el futuro. La idiosincrasia - o la manera de ser del cubano - lo explica sin duda. El pueblo cubano es un pueblo orgulloso, muy apegado a su identidad cultural y muy sincero. También es un pueblo muy trabajador y capaz de grandes sacrificios. Por otra parte es también un pueblo abierto y alegre, al que le gusta debatir horas sobre una cuestión, hacer chistes y reír de sí mismo, así como cantar, beber y bailar cuando es tiempo de divertirse. Lo sentí todos los días cuando convivía con mis colaboradores, los cuales eran casi todos cubanos. Lo sentí también todos los días en las calles o en el campo, donde siempre encontrábamos, mi esposa y yo, gente amable, abierta y generosa. Las personas eran muy hospitalarias y, a pesar de las dificultades, siempre conseguían ofrecernos un café o un refresco en los lugares más alejados de la isla.

No sería conveniente terminar este capítulo sin hablar de la *sociedad civil*, un concepto sin embargo muy ambiguo y contradictorio a mí ver. Muchos autores modernos oponen el Estado a la sociedad lo que, según yo, solo tiene sentido cuando hay divorcio entre los dos, pero lo que no debería ser en una sociedad armoniosa donde el Estado es la expresión organizada de dicha sociedad. Sin embargo, muchos ven también en la sociedad civil todas las formas no estatales de expresión y de organización de la sociedad, concepto que retendré aquí por motivo de simplificación. Por lo tanto ¿Qué significa en Cuba la sociedad civil y por qué surgen tantas polémicas y tensiones cuando se aborda este tema?

Hay que recordar, antes que nada, que toda la sociedad en Cuba está incorporada en organizaciones de masa que, sin formar parte del Estado ni del aparato burocrático, están sin embargo muy vinculadas al poder político y al aparato del Partido. Fuera de la Unión de Jóvenes Comunistas (UJC) y del Partido Comunista de Cuba (PCC) - las únicas formaciones políticas autorizadas - todo Cubano pertenece de una forma u otra a una o varias organizaciones de masa. Los trabajadores de la empresas estatales están todos incorporados a la Central de Trabajadores de Cuba (CTC), los pequeños agricultores a la Asociación Nacional de Agricultores Pequeños (ANAP), las mujeres a la Federación de Mujeres Cubanas (FMC), los escritores y los artistas a la Unión de los Escritores y Artistas de Cuba (UDEAC) y así por el estilo. A nivel territorial y local, todos los cubanos forman parte de los Comités de Defensa de la Revolución (CDRs), que cumplen localmente funciones sociales y políticas. Todas aquellas organizaciones son, en su base, centros de debate y de discusión y canales de expresión populares, mientras que al mismo tiempo constituyen para el poder político instrumentos de movilización de toda la sociedad. Históricamente dichas organizaciones nacieron con la Revolución y con la necesidad de defenderla frente a las agresiones norteamericanas. Sin embargo, uno puede dudar de su independencia pues, igual a las que existían en la antigua Unión Soviética y en las ex democracias populares, son ante todo instrumentos de movilización de la población en manos del poder político.

El tema de la sociedad civil se vuelve siempre muy tenso en Cuba cuando se aborda la cuestión de las organizaciones no gubernamentales (ONGs). El Gobierno cubano considera a las organizaciones de masa como organizaciones no gubernamentales por sí mismas, mientras que los llamados países occidentales, encabezados por los Estados Unidos, las consideran como simples instrumentos del poder. Por lo tanto, el discurso y el juego diplomático de aquellos países consisten en presionar a Cuba para que refuerce supuestamente la sociedad civil gracias a la promoción de ONGs. Sin embargo, y para los Estados Unidos en particular, la promoción de las ONGs y el refuerzo de la sociedad civil son mucho más que un tema de dialogo a nivel diplomático. Son un medio de desestabilización del régimen cubano, al igual que la cuestión de los derechos humanos como lo veremos más adelante. De hecho, la financiación de grupos o de organismos disidentes en diversos países por fundaciones como la NED [155] es de notoriedad pública. Aquello explica la sensibilidad y la irritabilidad de las autoridades cubanas cuando se toca el tema de la promoción de las ONGs en Cuba, que ya mencioné más arriba cuando el PNUD abordó esta cuestión sin intención de imponer cualquier estrategia al respecto.

No existen en Cuba, fuera de las organizaciones de masa, entidades civiles que jueguen un papel significativo en la estructuración y en la vida de la

---

[155] La National Endowment for Democracy, la cual financia abiertamente las actividades de desestabilización anteriormente implementadas por la Central Intelligence Agency (CIA).

sociedad cubana. Existen sin embargo muchas asociaciones en áreas muy especializadas como, por ejemplo, la Asociación Cubana de Bibliotecarios, la Asociación Nacional Ornitológica de Cuba o, en el área de la Naciones Unidas, la Asociación Cubana de las Naciones Unidas (la cual me invitaba a menudo para hablar de la labor de las Naciones Unidas o conmemorar días o eventos relacionados con la Organización). Sin embargo, si bien no hay duda de que existe una vida asociativa en Cuba, esta no juega un papel importante a nivel de la sociedad como un todo. De hecho, la única entidad de gran peso en la sociedad cubana que no tenga origen gubernamental es la propia iglesia católica, la cual no es evidentemente una ONG, aunque juegue un papel importante en relación a la sociedad civil [156].

Las relaciones entre la iglesia católica y el Estado cubano siempre fueron delicadas y complejas, aunque nunca llegaron a la ruptura (a no ser en los primeros años de la Revolución). El Estado cubano nunca intentó interferir en las cuestiones de fe ni en el trabajo caritativo de la Iglesia. Por otra parte, la iglesia católica en Cuba nunca quiso entrometerse abiertamente en los asuntos políticos de la isla, aunque juegue de hecho un papel relevante en esa área debido a su vocación caritativa y a su mensaje evangélico. Siempre hubo un dialogo entre la iglesia católica y el Estado cubano, incluso sobre temas sensibles como los derechos

---

[156] Ver el análisis de Philippe Létrillard: La iglesia católica y la "sociedad civil" en Cuba (L'Eglise catholique et la "société civile" a Cuba), publicada en los Cuadernos del CERI, No 113, Marzo de 2005 (Centre d'études et de recherches internationales- Sciences Po, Paris).

humanos y el tratamiento de los presos políticos. Lo entendí claramente cuando analicé las declaraciones de los principales actores durante mi estancia en Cuba, sobre todo las del cardenal Jaime Ortega, por parte de la Iglesia, el cual era la única personalidad no gubernamental que podía tomar la palabra y expresarse públicamente sobre los asuntos de la isla. Conocí al cardenal Jaime Ortega, presidente de la Conferencia de Obispos Católicos de Cuba, pero sobre todo al nuncio apostólico, monseñor Beniamino Stella, con el cual desarrollé lazos de amistad después de la visita de cortesía que le hice en la nunciatura al llegar en Cuba. Tuve con monseñor Stella varios encuentros privados que me permitieron entender mejor el papel de la Iglesia en relación a la cuestión cubana. En el plano más personal le pedí que bautizara a mis dos hijas, Lorenza y Natacha, que ya alcanzaban la adolescencia. Aunque no fuera yo practicante me parecía importante abrirles aquella puerta hacia la espiritualidad y quedé muy agradecido con monseñor Stella por haberlo hecho en persona.

Del lado del Estado cubano, la única voz que se expresaba públicamente sobre los asuntos religiosos era la del propio Fidel. Como lo recalqué antes, Fidel Castro tuvo una educación religiosa y estudió con los jesuitas. Quedó con toda evidencia muy marcado por la religión, aunque no sea él, según sus propias palabras, ni creyente ni practicante [157]. Adquirió en aquella época principios éticos y valores morales fundamentales, por

---

[157] Ver: *"Fidel Castro y la religión, Conversaciones con Frei Betto"*, Siglo XXI Editores, México, 1986.

los cuales sería guiado y motivado por el resto de su vida. Esto explica a mí ver su empeño en encontrarse con el papa Juan Pablo II, lo que logró cuando lo visitó en el Vaticano en noviembre de 1996, y la invitación que le hizo para visitar Cuba, visita de la cual hablaremos más adelante. En el fondo, pienso que Fidel vio en Juan Pablo II un aliado natural en este mundo devastado por el capitalismo salvaje e invadido por los valores materiales. Fidel y Juan Pablo II eran aliados naturales, pues compartían los mismos valores espirituales y las mismas aspiraciones universales frente a un capitalismo devastador y esclavizante. Muy pocos observadores lo entendieron, pues la gran mayoría de ellos, y de la prensa en particular, redujeron aquellas iniciativas a una maniobra política. No obstante, había detrás de aquel acercamiento algo mucho más profundo: las visiones coincidentes de dos líderes mundiales sobre la humanidad y su futuro.

La irrupción del turismo

En el momento en que llegué a Cuba el turismo comenzó a desempeñar un papel determinante en la economía de la isla. Durante siglos la economía del país había dependido casi exclusivamente de la agroindustria azucarera. Las grandes fortunas, antes de la Revolución, se habían edificado sobre el monocultivo de la caña y la producción del azúcar, que era masivamente exportada hacia los Estados Unidos. Cuando aquella potencia suprimió las cuotas del azúcar para Cuba e impuso el embargo sobre las exportaciones cubanas, el joven régimen revolucionario volvió la cara, como lo mencionamos, hacia la Unión Soviética, la cual le aseguró un mercado y el suministro en contraparte de combustibles, maquinarias y otros productos estratégicos. La zafra de la caña, organizada como si fuera una operación militar y supervisada al más alto nivel por el propio comandante en jefe, era el tiempo fuerte de la vida económica de la isla. ¡Y hasta el ministerio del Azúcar era dirigido por un general[158] !

No obstante, Cuba perdió su mercado privilegiado con el desplome del llamado campo socialista, volviéndose dependiente de las cotizaciones del azúcar a nivel mundial mientras que se agudizaban

---

[158] El general de división Ulises Rosales del Toro en aquella época.

los problemas de producción a nivel nacional, con la falta de insumos básicos y la desorganización de varios sectores de la economía. Fue en aquel momento que el turismo surgió como la tabla de salvación y la palanca que permitiría a la economía cubana ir recuperándose, resultado sin duda alguna de decisiones deliberadas pero con implicaciones para la isla mucho más importantes que el simple despegue de un nuevo sector de la economía. En realidad, el desarrollo del turismo no afectó solamente a toda la economía del país sino que transformó en pocos años su configuración física así como su contextura social. Fue un fenómeno de primera importancia que desencadenaría transformaciones todavía durante muchos más años.

Durante los cinco años que estuve en Cuba la fisonomía de la isla cambió sensiblemente. Cierto, no fue un cambio total, pues el campo quedó como campo y muchas ciudades y pueblos - fuera de los circuitos turísticos - quedaron como estaban o tal vez peor, debido a la falta de mantenimiento de las casas y de las infraestructuras que caracterizó aquel periodo llamado especial. Sin embargo surgieron nuevas instalaciones turísticas en varias partes de la isla y se consolidó su mayor polo turístico: Varadero. La Habana también se recuperó o se transformó en parte, a pesar del deterioro considerable de muchos edificios y habitaciones.

De todas las transformaciones que ocurrieron en aquel periodo la que más llamaba la atención es la de Varadero. Pocos días después de llegar a Cuba habíamos mi esposa y yo visitado ese lugar con un grupo de embajadores y sus cónyuges, invitados por el ministro de Relaciones Exteriores, Roberto Robaina, que nos acompañaba en persona. Visitamos en particular un hotel del la cadena LTI que acababa de ser inaugurado y que simbolizaba el despegue del polo turístico, pues era prácticamente el único hotel moderno y de buena categoría que podía compararse con los "beach resorts" que aquellos grupos turísticos manejan hoy en varias partes del mundo (los otros hoteles de Varadero en aquel momento eran de apariencia triste, con un mantenimiento desastroso y un servicio no menos precario). Recuerdo que en aquella época los pocos hoteles que existían estaban bastante próximos del poblado de Varadero, una estación balnearia relativamente modesta y sin gran interés desde el punto de vista turístico. Porque, en la realidad, Varadero consistía en aquellos tiempos en una sucesión de playas de arena blanca, bordeadas por cocotales y otras plantas tropicales, que corrían a lo largo del litoral sobre kilómetros y más kilómetros. Eran tan vírgenes y desiertas que uno podía andar y bañarse desnudo sin que nadie se molestara.

Como Varadero se encontraba a solo dos horas de distancia por carretera de La Habana y como los nuevos hoteles que se construían en sus playas nos ofrecían promociones increíblemente atractivas, pasábamos mi esposa y yo todos los fines de semana allá, en un universo que parecía situarse a miles de años luz del planeta Cuba. Nuestro lugar de predilección era el Brisas del Caribe, el cual era para nosotros como una casa de veraneo (un "resort" administrado por una empresa estatal, pero conforme a los parámetros del turismo internacional). También íbamos a menudo al complejo de hoteles de la cadena Meliá, el cual ofrecía cabañas individuales a la orilla del mar y varios restaurantes de excelente categoría. Digo que era como estar en otro planeta, porque cuando entrábamos en aquellos complejos uno se encontraba sumergido en un universo de placer, rodeado por turistas canadienses y europeos, en donde la única preocupación era bañarse y asolearse, comer langosta y mariscos, beber mojitos y piñas coladas y divertirse al son de la salsa. Sin embargo hay que recalcar que aquellos recintos eran reservados para los turistas, por lo que no podían hospedarse cubanos, aunque tuvieran divisas, lo que generaba sin duda muchas frustraciones en la población, a pesar de no ser abiertamente expresadas.

A lo largo de los cinco años que pasamos en Cuba todas la playas de Varadero se llenaron de hoteles construidos por empresas estatales pero administrados por grupos españoles, italianos, franceses o alemanes (casi todos europeos, pues debido al embargo aquel mercado quedaba por supuesto cerrado a los inversionistas estadounidenses). Nos daba mucha pena asistir a la desaparición de "nuestras playas desiertas", a pesar de que se respetase bastante el medio ambiente en términos constructivos (una meta a la cual Naciones Unidas contribuía directamente en otras partes de la isla, a través del proyecto de preservación de los archipiélagos de Sabana y Camgüey). Sin embargo, toda aquella área se transformó en cinco años, contando incluso con el apoyo de las fuerzas armadas.

Debo mencionar aquí una anécdota muy

significativa del ambiente en el que se desarrollaba el polo turístico de Varadero, la cual involucró a la Marina de guerra. Aquella fuerza sacrificó directamente al turismo tres unidades de combate: una lancha lanza misiles, un Antonov AN 24 y una fragata - sin embargo un poco viejitas - todas inmoladas durante tres eventos bautizados "hundimientos". El objetivo de estos hundimientos era crear con aquellas unidades un cementerio marino para atraer peces y otras especies acuáticas y promover de esta forma el buceo y otras actividades marinas. Los programas incluían el traslado en barco hasta el área de hundimiento, una gran fiesta marinera con langosta grillé y bebidas, un *snorkeling* en la barrera coralina y actividades de animación, todo ello promovido por Gaviota Tours (un grupo turístico controlado por las fuerzas armadas), por un costo de de 55 dólares por persona. Asistimos de esta forma, mi esposa y yo, al hundimiento de una lancha lanza misiles, el cual tuvo lugar en abril de 1998, al son de la salsa y con muchos mojitos.

A pesar de concentrase en Varadero el desarrollo turístico también se expandió hacia otras partes del territorio, pues Cuba tiene 7.000 kilómetros de costas, en gran parte salvaje, y unos 1600 islotes y cayos fuera de la isla principal, con grandes potencialidades . Recorrimos mi esposa y yo toda la isla y varios cayos durante nuestros cinco años en Cuba, a veces para visitar programas y proyectos de desarrollo y otras veces para conocer los lugares. Fuimos en particular a Cayo Largo y a Cayo Coco, donde las barreras coralinas estaban repletas de flora y de fauna acuática. Visitamos Pinar del Río - en el poniente - donde crece el tabaco y donde se alzan montes impresionantes cuyas formas y cuya magia se parecen a las montañas de Kuei Lin, en China. Recorrimos el llano, con sus cultivos de caña de azúcar y su ganadería (teníamos allá algunos grandes proyectos del PMA, de apoyo a la producción agropecuaria y a las cooperativas agrícolas) y sus ciudades como Cienfuegos, Santa Clara, Ciego de Ávila, Camagüey y las Tunas, sin olvidar Trinidad, una de las más bellas ciudades históricas del país. Pero lo que más nos gustó fue el Oriente.

El turismo en Oriente no es de masa, sino para los amantes de la tradición, de la autenticidad y del encanto. Es la región más impresionante de Cuba, con su Sierra Maestra que domina el mar y con sus ciudades impregnadas por su pasado revolucionario. Es la parte más caribeña y más mestiza de Cuba. También siempre fue la más rebelde, de donde salieron todos los levantamientos y donde Fidel Casto y sus compañeros desembarcaron del Granma para implantar la guerrilla en la Sierra Maestra. La capital regional, Santiago de Cuba, está llena de encanto, tanto desde el punto de vista de la arquitectura como del de la cultura. Allá se toca la trova y se celebra el carnaval, dos tradiciones con raíces europeas y africanas. Recorrimos en varias ocasiones toda la región. Fuimos a Bayamo y bajamos el río Cauto hasta Manzanillo (donde teníamos un proyecto para la reproducción de camarones). Fuimos también a Holguín donde visitamos la antigua finca de los Castro. Fuimos además a Guantánamo y, más allá, a Baracoa, la primera ciudad fundada en Cuba. En las lomas de Guantánamo pudimos observar en detalle a la base naval norteamericana, gracias a un potente telescopio atentamente instalado por las autoridades del turismo. Recorrimos también la Sierra Maestra hasta un pueblito completamente aislado y sin agua corriente, donde nuestro amigo el embajador del Reino Unido, Philip McLean, y su esposa, Dorothy, inauguraron con nosotros una unidad de suministro de agua (proyecto ejecutado por el UNICEF gracias a fondos que Philip y Dorothy recaudaron en su propia residencia, en la ocasión del día de San Valentín).

Sin embargo el foco del turismo en Cuba, fuera de Varadero, se hallaba en La Habana, donde todos los visitantes acudían y donde se construyeron o se rehabilitaron muchos hoteles cuando vivimos allá. La Habana es una ciudad encantadora, que uno nunca se cansa de recorrer y de descubrir. Cuando la conocimos - mi esposa y yo - padecía ciertamente de muchas carencias, que marcaban su rostro y su vida cotidiana. Saliendo de nuestra residencia - situada en Siboney - y conduciendo hacia el oriente se cruzaba Miramar y se atravesaba el río Almendares para llegar al malecón, uno de los lugares más típicos y frecuentados de la ciudad. Siempre circulaban por el malecón los vehículos más diversos: desde la simple bicicleta hasta el autobús, incluyendo motos con *side cars*, viejos carros americanos de los años cincuenta, carros de fabricación soviética ya cansados y carros japoneses más recientes. También caminaba mucha gente en la orilla del mar - deportistas, ociosos y enamorados - mientras que los pescadores y los soñadores se sentaban en las rocas. El malecón bordeaba toda la ciudad, frente al mar, desde el río Almendares - al oeste - hasta el castillo San Salvador de la Punta - al este - el cual controlaba en el pasado   la entrada a la bahía y el acceso a su puerto.

Recorriendo el malecón del oeste al este se revivía la historia de la ciudad en el sentido inverso. Primero se encontraban los altos edificios del Vedado construidos en los años cincuenta, que cubrían toda la faja marítima y se extendían hacia atrás (algunos de ellos muy altos , como el rascacielos Fosca o como el hotel Habana Libre - el ex Hilton - donde Fidel y sus compañeros   instalaron   el   primer   gobierno revolucionario). Siguiendo el malecón se cruzaba en primer lugar el hotel Riviera (famoso en los años cincuenta por hospedar a muchas celebridades), el hotel Meliá Cohíba (el más reciente y el más lujoso de todos los hoteles) y finalmente el hotel Nacional (cuya arquitectura recuerda aquellos palacios de la Riviera francesa). Atrás de aquella franja, al interior de la ciudad, se encontraba la Plaza de la Revolución, con su inmensa explanada. Era el lugar de las grandes celebraciones, donde Fidel solía hacer largos discursos y donde desfilaban las organizaciones de masa y el pueblo.

Continuando por el Malecón hacia el centro histórico se llegaba a la parte más romántica y afectada de la fachada marítima: la de las preciosas villas neo coloniales de dos o tres pisos, con columnas y terrazas mirando al mar, que se encontraban casi todas en un estado de deterioro avanzado. Atrás se encontraban muchos edificios de la misma época, también deteriorados pero donde todavía había mucha vida, como lo atestiguaban las hileras de ropa colgada en las ventanas que nos recordaban a algunas ciudades italianas. En aquella parte de la ciudad se encontraban también muchos de los edificios prestigiosos que se construyeron a principios del siglo XX, como el Gran Teatro de La Habana (donde íbamos a menudo para asistir a los ballets de Alicia Alonso, que conocimos bien en la ocasión de esas funciones) y sobre todo el Capitolio (un edificio impresionante por ser una réplica del Capitolio de Washington y también por la riqueza de su arquitectura interna).

Finalmente, al terminar el malecón, uno entraba en La Habana vieja - el casco histórico de la ciudad - donde se encuentran hasta hoy los mayores tesoros de la arquitectura colonial. Frecuentábamos mucho - mi esposa y yo - el casco histórico porque nos encantaba andar por sus calles y por sus plazas. Nuestro lugar favorito era la plaza de la catedral, donde llevábamos a los amigos que nos visitaban y donde solíamos cenar después de saborear unos mojitos en La Bodeguita del Medio. También había periódicamente en aquella plaza una feria artesanal donde uno encontraba pinturas y objetos de artesanía. Recibíamos además muchas invitaciones a eventos, recepciones, exposiciones y otras actividades culturales que a menudo se desarrollaban allá. Las más prestigiosas y las más interesantes eran sin duda las de Eusebio Leal, el historiador de La Habana, que hacía milagros para rescatar el patrimonio histórico de la ciudad y volver a darle vida.

Eusebio Leal era "la personalidad" de La Habana Vieja. Protegido por el propio Fidel y sin duda alguna criticado por la *nomenklatura* y los sectores más conservadores del Partido (a pesar de ser él mismo miembro del Partido y diputado en la Asamblea del Poder Popular). Fidel le había concedido - a mi entender - carta blanca para rescatar el casco histórico y se había constituido ahí un islote de economía de mercado que escapaba a la lógica burocrática y a la rigidez mercantil del resto de la isla. Eusebio había restaurado una gran cantidad de casas, de palacios y de edificios, creando museos y salas de exposiciones, abriendo nuevos hoteles (en palacetes prestigiosos) o reabriendo hoteles famosos (como el Ambos Mundos, donde residió Hemingway), implantando restaurantes, tiendas de ropa y de artesanía, que generaban divisas para la rehabilitación del casco urbano. Manejaba aquel conjunto como si administrase a un *holding*, con numerosas empresas dedicadas al rescate de los edificios y a la generación de recursos. Pero también se dedicaba a la economía social y a obras caritativas, como en el caso de la rehabilitación del Convento de Belem (un proyecto apoyado por el PNUD y co-financiado por Suiza, que visitamos varias veces el embajador de Suiza, Harald Borner, y yo). Como resultado de esta iniciativa se restituyó la iglesia a una comunidad religiosa mientras que en el convento se abrió un asilo de ancianos y un hotel para personas de la tercera edad. También se crearon varios empleos y se capacitaron numerosos artesanos en técnicas de restauración, al mismo tiempo que se potenciaron cooperativas de artesanos en el barrio. Mi colega y amiga Gloria López Morales, representante de la UNESCO en Cuba, tenía como yo mucha consideración por la labor de Eusebio Leal, con quien manejábamos varios proyectos.

No obstante, si el turismo generaba nuevos empleos, recursos significativos y entradas de divisas, no dejaba de tener repercusiones sobre la vida social y sobre los comportamientos individuales. La cara obscura del turismo fue precisamente la transformación de los comportamientos sociales e individuales que se observaban en aquella época. En primer lugar, la mercantilización de las relaciones sociales, inherentes al turismo de masa, comenzó a generar en Cuba un cambio de los comportamientos y de la actitud de las personas. La monetización de las relaciones inter-individuales, materializada por la actitud del turista (el cual piensa que todo es para comprar, hasta la simpatía de los nativos) y el de los nativos (los cuales ven al turista únicamente como una fuente de dinero) comenzó a corromper la conducta de las personas. Cuando llegamos a Cuba las personas que cruzábamos paseando en las calles eran amables, sinceras, curiosas de lo que ocurría en el exterior y deseosas de ayudar pero cuando dejamos la isla, estas no veían más al extranjero como un ser humano sino como un proveedor de dólares o de otras divisas. Aquello ocurría esencialmente en La Habana y en los principales centros turísticos, dejando de lado al campo y a las provincias alejadas. Pero, aún así, el encanto de las relaciones genuinas y sinceras entre los visitantes foráneos y los habitantes de la isla se estaba echando a perder.

La segunda incidencia del turismo sobre la sociedad y sobre las personas fue la explosión del *jineterismo* [159]. Como faltaban muchas cosas y que no había como procurárselas sin divisas, muchas personas y familias descubrieron que una manera simple de resolver el problema era que las chicas o los machos ofrecieran sus encantos al turista. Aquello no era prostitución pura y simple como se conoce en otras partes del mundo sino una manera informal y ocasional de procurase recursos. Las *jineteras* eran generalmente chicas jóvenes y atractivas que ofrecían su cuerpo al turista mediante retribución monetaria. También había *jineteros*, aunque menos visibles y en menor cantidad, que vendían su virilidad a extranjeras, las cuales viajaban a Cuba para ofrecerse vacaciones sexuales. Como no existen prejuicios en Cuba en relación al sexo y como las relaciones sexuales siempre fueron muy liberales, el *jineterismo* se expandió sin encontrar el menor obstáculo, a no ser el de la propia reacción de las autoridades cubanas que terminaron asustándose frente a la amplitud del fenómeno y la degradación correlativa de la imagen de la Revolución cubana.

El *jineterismo* en Cuba se propagó como un reguero de pólvora. Se convirtió para las chicas en una segunda actividad, practicada de día en los lugares turísticos y al anochecer en las discotecas de los hoteles. Cuba se convirtió así rápidamente en un gran destino del turismo sexual, atrayendo muchos turistas en busca de sexo, sobre todo europeos. Las chicas andaban por el malecón y por las calles de La Habana,

---

[159] Termino derivado de las *jineteras*, expresión que designa en Cuba, en el lenguaje popular, las chicas que ofrecen sus encantos mediante retribución monetaria.

medio vestidas y provocativas, al acecho del turista al cual venderían sus encantos. Ellas se amontonaban en las discotecas de noche para cazar turistas, a veces de manera bastante agresiva. Lo mismo ocurría fuera de La Habana, hasta en casas de particulares arrendadas a turistas. A veces la acometida de las *jineteras* era hasta molesta pues no podía uno entrar en una discoteca, incluso acompañado por su cónyuge, sin ser abordado o incitado. ¡Recuerdo que una noche fui con mi esposa al Palacio de la Salsa y que antes de poder entrar en la discoteca tuvimos los dos que abrir nuestro camino entre dos amplias filas de chicas que querían abordarme y engancharme!

La explosión del *jineterismo* en Cuba fue la consecuencia directa del desarrollo de un turismo de masa en un contexto de escasez económica que incentivaba a las chicas - y los chicos - a ofrecer sus encantos al turista. La permisividad y el liberalismo de la sociedad cubana en relación al sexo favorecieron sin duda este fenómeno. Sin embargo, este último tomó tales proporciones que las autoridades tuvieron que reaccionar para que no se desgastara la imagen de la Revolución y de Cuba en el mundo. No hubo grandes declaraciones ni debates al respecto, sino unas advertencias en el periódico Granma [160] dirigidas a las *jineteras* y rumores acerca de que se les iba a meter en campos de reeducación para cortar la caña. Los resultados fueron inmediatos porque de un día para otro no se vieron más chicas en las calles o en discotecas

---

[160] El órgano oficial del Partido Comunista de Cuba y principal periódico de la isla.

detrás de los turistas. Sin embargo, el fenómeno no desapareció sino que retrocedió y se hizo más discreto.

No obstante aquellos cambios en los comportamientos individuales y colectivos, el desarrollo del turismo indujo transformaciones profundas en la economía y en la sociedad cubana. El turismo sustituyó a la caña de azúcar como motor de la economía, acarreando múltiples efectos positivos en los sectores vinculados a esta actividad. Se generaron masas de divisas en los circuitos económicos y en la sociedad, aportándoles de esta forma el oxigeno que requerían. Se abrieron las puertas de Cuba al mundo exterior, con consecuencias duraderas sobre la relación de los habitantes de la isla con los de otros países.

Los derechos humanos

La cuestión de los derechos humanos en Cuba sigue siendo hasta hoy uno de los temas políticos y diplomáticos más controvertidos. Sin embargo, dicha controversia solo interesa a los medios occidentales y a los círculos políticos y diplomáticos que se dedican a la supervisión y a la censura de los derechos humanos, pues en la isla poca gente le hace caso al tema, a no ser los pocos activistas que manifiestan periódicamente su inconformidad con el orden político e ideológico.

En lo personal, yo estaba bastante familiarizado con el tema de los derechos humanos, pues en mi calidad anterior de director adjunto del Bureau Europeo del PNUD, seguía en Ginebra esta cuestión - entre varias - asegurando el enlace con el Centro y, después, con el Alto Comisionado de las Naciones Unidas para los Derechos Humanos. Además, debido a mis funciones allá, había sido designado como responsable de la delegación del PNUD en la Conferencia Mundial de los Derechos Humanos de Viena [161] (junio de 1993), participando en sus grupos de trabajo y en sus debates

---

[161] Dirigí de hecho la delegación durante toda la conferencia porque formalmente la jefa de la delegación, Helen Johnson-Sirliff, entonces Directora del Bureau para África del PNUD y hoy presidente de Liberia, solo vino un día a Viena para hacer un discurso en asamblea plenaria.

[162]. La conferencia, dirigida por su secretario general, Ibrahima Fall [163], se había focalizado sobre la cuestión de la universalidad y de la indivisibilidad de los derechos civiles y políticos y de de los derechos económicos, sociales y culturales, respecto de los cuales los países del *primer mundo* insistían sobre el respeto universal de los primeros, mientras que el resto de los países exigía que se materializaran los segundos. La cuestión era bastante polémica y sigue siendo muy controversial todavía hoy en día.

Aunque no tuviese yo mandato para intervenir específicamente en esa área, me correspondía sin embargo apoyar las visitas y las misiones de las Naciones Unidas a Cuba relacionadas con el tema y tratar de cuestiones conexas, como la incidencia del embargo norteamericano sobre el proceso de desarrollo del país. Me tocó en particular acompañar la visita oficial a Cuba del recién designado Alto Comisionado para los Derechos Humanos, José Ayala Lasso, a quien había conocido en Ginebra poco antes de que yo fuera nombrado en La Habana, y que él viniera a Cuba en noviembre de 1994 por invitación del gobierno cubano. Durante su visita de dos días a la isla, organizada por el Ministerio de Relaciones Exteriores, Ayala Lasso se entrevistó con diversas autoridades y también se

---

[162] Como en la reunión consagrada a "Derechos humanos, democracia y desarrollo", en la cual intervine como expositor al lado de Corazón Aquino, la ex presidente de Filipinas, la cual presidía la mesa, y del Cardinal Roger Echegaray, Presidente del Consejo Pontifical par la Justicia y la Paz.

[163] Que había conocido anteriormente como ministro de Relaciones Exteriores de Senegal, cuando yo era representante adjunto del PNUD en aquel país.

encontró con una delegación de la UNEAC [164], la asociación que agrupa todos los escritores, artistas e intelectuales de la isla. El propósito de la invitación hecha por el gobierno al Alto Comisionado era exponerle la posición oficial de Cuba en una área muy controversial, en la que el país era repetidamente acusado de violar los derechos humanos. Había tomado yo la iniciativa de organizar dos reuniones al margen de la visita: una con los representantes del sistema de la Naciones Unidas en el país y otra con un grupo selecto de embajadores sensibles al tema. Sin embargo, había yo excluido cualquier encuentro con presuntos disidentes, pues la cuestión era bastante explosiva y además no me tocaba tomar tal iniciativa. De hecho, y a pesar de mis recomendaciones, uno de mis colegas, Hernán Crespo, entonces representante de la UNESCO en Cuba, tomó la iniciativa de organizar en secreto una reunión de supuestos disidentes con Ayala Lasso, de la cual las autoridades cubanas inevitablemente tuvieron conocimiento. Como resultado de aquella iniciativa personal Hernán fue retirado de La Habana, pocos meses después, a petición evidentemente del gobierno cubano [165].

Como ya lo mencioné, no tomé iniciativas relacionadas con los derechos humanos durante el

---

[164] Unión de los Escritores y Artistas de Cuba.

[165] Cabe recalcar que las relaciones entre Cuba y la UNESCO eran muy estrechas al más alto nivel, pues el director general de la UNESCO, Federico Mayor, visitaba a menudo la isla por invitación de la autoridades cubanas y se encontraba cada vez con el presidente Fidel Castro, con el cual tenía relaciones muy cordiales, a pesar de batallar intelectualmente con él en conferencias organizadas en La Habana.

tiempo que estuve en Cuba, no solamente porque el terreno era meramente explosivo, sino también porque no me correspondía tomar iniciativas en aquel ámbito según se desprendía de mi propia misión. Llegué a encontrar algunos "disidentes" como Elizardo Sánchez [166], que conocí en una recepción diplomática, pero solo intercambié impresiones generales con él porque no quería profundizar un contacto que no llevaría a parte alguna. Sin embargo, esta prudencia en relación a los llamados disidentes y a la cuestión de los derechos humanos en Cuba no era para nada practicada por muchas embajadas de los países occidentales, las cuales intervenían hasta descaradamente en los asuntos internos de la isla. No era abiertamente el caso de la *Sección de intereses* de los Estados Unidos en La Habana, la cual se mostraba en apariencia discreta en relación al tema (a pesar de cubrir o seguir, con toda probabilidad, muchas de las acciones de desestabilización promovidas por aquella potencia). Pero sí era visiblemente el caso de muchas embajadas de los países europeos, las cuales no observaban una reserva semejante a la mía. Según recuerdo, la embajada de la República Checa hacia bastante activismo y proselitismo en esta materia, debido a instrucciones con toda evidencia comunicadas por el propio presidente de aquel país, el ex disidente Václav Havel [167].

---

[166] Presidente de la Comisión Cubana de Derechos Humanos y de Reconciliación Nacional (CCDHR), uno de los principales protagonistas en el terreno de los derechos humanos, fuera de Gustavo Arcos, secretario general del Comité Cubano Pro Derechos Humanos (CCPDH).

[167] Checoslovaquia, liderada desde diciembre de 1989 por el presidente Václav Havel, desencadenó en particular en La Habana la llamada "crisis de las embajadas" (julio a septiembre de 1990), al incentivar a un grupo de

Otros países protagonizaron actitudes críticas y las presiones hacia Cuba, como sucedió con España al asumir José María Aznar la presidencia del gobierno español, en mayo de 1996. España promovió en particular la llamada "posición común" de la Unión Europea en 1996, la cual condicionaba el desarrollo de la cooperación y del dialogo con Cuba a progresos significativos en las áreas de la democracia, de los derechos humanos y de las libertades fundamentales. En octubre de 1996, en particular, el embajador designado del reino de España en la República de Cuba, José Coderch, declaró en entrevista concedida al diario español ABC que consideraba como su obligación de "tener las puertas de su embajada abiertas de par en par a aquellos sectores de la disidencia", expresando la esperanza de que 1998 fuera el momento en que Cuba "recuperaría su libertad". El mes siguiente el ministro de Asuntos Exteriores de España, Abel Matutes, declaraba que la política de su país era la de apoyar una "transición pacífica hacia la democracia en Cuba", mientras que el propio presidente José María Aznar calificaba públicamente al régimen cubano de "dictadura" durante la Sexta Cumbre Iberoamericana, pidiendo al presidente Fidel Castro que "moviera piezas" [168]. Como resultado de aquellas presiones, el

---

disidentes a pedir refugio en su propia embajada, crisis que se extendió a otras embajadas europeas. Václav Havel, posteriormente presidente de la República Checa (1993-2003), continuó criticando abiertamente a Cuba en relación a los derechos humanos y siguió haciéndolo en foros internacionales después de dejar la presidencia.

[168] Las relaciones entre Fidel Castro y José María Aznar, quien Fidel Castro llamaba el "caballito", no eran las mejores, aunque intercambiaron

gobierno cubano retiró el beneplácito a José Coderch, dejando las relaciones a nivel de encargado de negocios, de modo que la relación entre los dos países se tornó fría y distante en los años siguientes [169].

Sin embargo, era en Ginebra y en Nueva York en donde se desarrollaba cada año la batalla sobre los derechos humanos, un ritual diplomático que oponía Cuba contra los Estados Unidos en la Comisión de las Naciones Unidas para los Derechos Humanos y en la Asamblea General de las Naciones Unidas. Las hostilidades siempre empezaban en la Comisión, en Ginebra, con una resolución [170] protagonizada por los Estados Unidos y apoyada por una cohorte de países satélites, la cual condenaba cada año a Cuba por sus violaciones de los derechos humanos, mientras que otra resolución de la Asamblea General, en Nueva York, protagonizada por Cuba y apoyada por otra cohorte de países simpatizantes, condenaba a los Estados Unidos por la imposición del "bloqueo" a Cuba. El tema era muy sensible para Cuba y su imagen en el mundo, por lo que era seguido muy de cerca por el Ministerio de Relaciones Exteriores, siendo el objeto, como para los

---

simbólicamente corbatas en la VI Cumbre Iberoamericana (una roja para Aznar).

[169] Declaración del Ministerio de Relaciones Exteriores de la República de Cuba del 26 de noviembre de 1996.

[170] Las resoluciones condenaban a Cuba por el no respeto de las libertades de pensamiento, de conciencia, de opinión, de expresión y de asociación, así como por el no respeto de los derechos asociados a la administración de la justicia.

Estados Unidos, de intensas maniobras diplomáticas.

En la realidad, la condición de los derechos humanos en Cuba no era peor ni era mejor que en muchos países del mundo, siendo Cuba sin embargo uno de los países más avanzados en lo que se refiere a la realización de los derechos económicos, sociales y culturales. La realización de aquellos derechos era y sigue inscrita en la propia constitución de la República de Cuba, la cual garantiza explícitamente en su Capítulo I [171] que: *"no haya hombre o mujer, en condiciones de trabajar, que no tenga oportunidad de obtener un empleo (...), que no haya persona incapacitada para el trabajo que no tenga medios de subsistencia, que no haya enfermo que no tenga atención médica, que no haya niño que no tenga escuela, alimentación y vestido, que no haya joven que no tenga oportunidad de estudiar (y) que no haya persona que no tenga acceso al estudio, la cultura y el deporte"*. La misma constitución especifica en su Capítulo VII [172] las modalidades de realización concreta de aquellos derechos, como en particular : el derecho al trabajo y la protección de los trabajadores (artículos 45 a 49), el derecho a la salud mediante asistencia médica, hospitalaria y estomatológica gratuita y las medidas preventivas de las enfermedades (artículo 50) y el derecho a la educación mediante el acceso amplio y gratuito al sistema educacional , en todos los tipos y niveles de enseñanza, así como la gratuidad del material

---

[171] Fundamentos políticos, sociales y culturales del Estado.

[172] Derechos, deberes y garantías fundamentales.

escolar (artículo 51). De hecho, como ya lo vimos y como lo demuestran los indicadores sociales disponibles en aquellos sectores, los logros de la Revolución en esta esfera de los derechos humanos eran impresionantes [173].

Sin embargo, los ataques repetidos de los Estados Unidos hacia Cuba se referían a la condición de los derechos civiles y políticos en la isla, la cual sufría muchas críticas por parte de las asociaciones e instituciones dedicadas a su monitoreo. El objetivo de los Estados Unidos era de desprestigiar la imagen de la revolución cubana en el mundo y de promover presiones internacionales hacia el régimen revolucionario, lo que en parte logró con la adopción por la Unión Europea de la referida "posición común". Con todo, la naturaleza y la extensión de las violaciones de los derechos humanos imputadas al régimen revolucionario eran y siguen siendo hasta hoy bastante exageradas, pues el exilo contrarrevolucionario pintaba al régimen como una dictadura sanguinaria, mientras que publicaciones hostiles al proceso revolucionario [174] mencionaban cifras astronómicas, como aquella de hasta 100.000 cubanos presos o mandados en campos de trabajo y 15.000 a 17.000 fusilados desde el principio de la Revolución. Me tocó, es cierto, conocer un caso de lo que podría calificarse de "tortura" en la persona de mi dentista - el Dr. Marrero - un hombre con fuerte personalidad y de la misma generación que Fidel,

---

[173] Ver: La dignidad humana.

[174] Ver en particular: El libro negro del comunismo, editora Robert Laffont, Paris, 1997, publicación hasta hoy muy controvertida.

quien se opuso desde el principio al proceso revolucionario pero que siempre se rehusó a salir de la isla. Pero fuera de este caso, que data de los primeros años de la Revolución, no conocí ni oí hablar durante mi tiempo en Cuba de casos que pudieran asimilarse a tortura, a no ser el mal trato de presos "políticos" en las prisiones de la isla (lo que no significa, sin embargo, que casos de tortura no existiesen, pero nunca me tocó verificarlos).

En realidad, la condición de los derechos humanos en Cuba es bastante diferente del retrato pintado por los adversarios de la Revolución pues, fuera del periodo excepcional en el que se derrumbó al régimen de Batista, seguido por las agresiones militares de los Estados Unidos y del exilo contrarrevolucionario, las violaciones de aquellos derechos imputadas al régimen cubano siempre se redujeron a casos y a situaciones muy precisas: cuando las autoridades de la isla reprimen la expresión de opiniones y la toma de iniciativas susceptibles, a su juicio, de amenazar el proyecto revolucionario y el orden político y ideológico interno (contexto que analizo más adelante). Es así por ejemplo que, en febrero de 1996, fue lanzada una campaña de intimidación y de represión contra el Concilio Cubano y sus miembros, una agrupación que aspiraba a promover cambios no violentos en la isla [175]. Sin

---

[175] El llamado Concilio cubano, una agrupación que pretendía abarcar 135 ONGs, fue el objeto de una campaña de represión por parte de las autoridades antes de que se reuniera. Los líderes de aquella iniciativa fueron intimidados, una docena de ellos detenidos y unos de estos sentenciados a penas de encarcelamiento.

embargo, y como lo documentó claramente Salim Lamrani en una investigación consagrada al tema basada en informes de Amnistía Internacional [176] , las violaciones de los derechos humanos en Cuba no son más graves que las que ocurren en diversas áreas en países como los Estados Unidos, Brasil, Canadá, Columbia o México, ni mas criticables que las que se dan en países como Francia, Alemania, España, la República Checa o el Reino Unido [177] .

Si uno analiza detenidamente la constitución cubana, se percata claramente cómo y hasta dónde se pueden ejercer libremente los derechos civiles y políticos. El Capítulo VII de la constitución garantiza: la libertad de palabra y de prensa (Articulo 53), los derechos de reunión, manifestación y asociación (artículo 54) y la libertad de conciencia y de religión (artículo 55). Especifica también que en las organizaciones de masa y sociales *"sus miembros gozan de la más amplia libertad de palabra y de opinión, basadas en el derecho irrestricto a la iniciativa y a la crítica"* (artículo 54), lo que pude personalmente verificar en reuniones públicas. Pero precisa por otro lado - restricción significativa - que la libertad de palabra y la de prensa tiene que ser *"conforme a los fines de la sociedad socialista"* (artículo 53). La constitución garantiza igualmente la inviolabilidad del

---

[176] Cuba y la retórica de los derechos humanos, Centro de investigación sobre la mundialización, www. mondilisation.ca

[177] Al contrario, las violaciones de los derechos humanos que se registran comúnmente en los Estados Unidos y las que se han dado en los países azotados por sus intervenciones militares posteriormente al 11 de Septiembre son considerablemente más graves.

domicilio (artículo 56), de la correspondencia (artículo 57) y de la persona, así como su libertad (artículo 58), y especifica cuáles son los derechos de defensa (artículos 58 a 61). No obstante - segunda restricción no menos importante - ninguna de las libertades reconocidas a los ciudadanos puede ser ejercida *"contra lo establecido en la constitución y las leyes, ni contra la existencia y fines del Estado socialista, ni contra la decisión del pueblo cubano de construir el socialismo y el comunismo. La infracción de este principio es punible"* (artículo 62).

Para entender el propósito de la represión que el Estado cubano ejerce hacia ciertas personas - sin que se la justifique de modo alguno o que se exculpe al Estado por ella - hay que analizarla desde la perspectiva de la revolución cubana, una revolución hostigada desde su principio y amenazada hasta hoy por sus adversarios. Para defenderse del acoso físico y ideológico de sus agresores el régimen revolucionario creó milicias, fuerzas armadas y fuerzas de seguridad, las cuales garantizan hasta hoy la seguridad de la isla. Alistó todas las personas, hombres y mujeres, adultos y menores, en organizaciones de masa y las enmarcó localmente en Comités de Defensa de la Revolución (CDR). Creó un partido único en el que se fusionaron todos los grupos revolucionarios (a comenzar por el M 26, liderado por Fidel Castro) y los partidos de oposición al régimen de Batista (incluyendo el PSP, el partido comunista), transformándolo posteriormente en el Partido Comunista de Cuba (PCC), un partido que se define como marxista-leninista y que se confunde con el aparato de Estado. Adoptó una constitución cuyos principios fundamentales son la edificación del socialismo y un sistema político en forma de democracia participativa. Se configuró de esta forma un régimen político que unos calificarían de "totalitario" pero que no deja de estar abierto al debate y participativo, siempre que la crítica y la contestación se ejerzan desde el interior. La línea roja que uno no puede cruzar en Cuba es la de socavar y criticar públicamente los principios fundamentales de la Revolución o, peor todavía, solicitar o recibir apoyo de los adversarios de la Revolución, lo que equivale a una traición (y lo que en cualquier otro país, en situación de guerra, seria llamado de "inteligencia con el enemigo").

Cuando alguien cruza la línea roja en Cuba debe esperar que le caiga encima la represión política e ideológica del sistema. Según me enteré y según yo entendí, ésta comienza con presiones psicológicas, principalmente a través de medidas de intimidación y de manifestaciones públicas de hostilidad (los famosos "actos de repudio", en los que gente de la calle manifiesta de modo supuestamente espontáneo su reprobación a la conducta del individuo). Si estos medios de presión no dan resultados, el sujeto es convocado por los servicios de la seguridad (los cuales dependen del Ministerio del Interior) y se le ordena cambiar de comportamiento. Si a pesar de todo el individuo persiste, es arrestado y a veces condenado por un tribunal, con penas que pueden alcanzar varios años de detención. Si además ha solicitado o recibido apoyo del exterior para emprender actos de naturaleza subversiva, de sabotaje o calificados de terroristas puede incurrir hasta la pena de muerte (lo que en la práctica nunca ocurre pues las condenas son siempre conmutadas a penas de 30 años de prisión). Al final, se le propone a la persona exiliarse, lo que en la mayoría de los casos es aceptado, expulsando de esta forma los fermentos de la contestación y aliviando al mismo tiempo la presión política del exterior.

De hecho, tanto los informes anuales de Amnesty International [178] como los de Human Rights Watch [179] reportan cada año violaciones repetidas de los derechos civiles y políticos en Cuba, en particular: el no acceso a medios de información independientes (incluyendo el libre acceso a Internet), la intimidación y la represión de las personas que expresan opiniones no conformes al orden político e ideológico (incluyendo disidentes y periodistas independientes), la detención arbitraria y repetida de individuos que toman iniciativas consideradas como atentatorias al orden político interno y el encarcelamiento de personas consideradas como subversivas (muchas de ellas por delito de opinión).

De hecho, la línea de separación entre lo permitido y lo prohibido es muy tenue en Cuba, particularmente cuando se trata de la manifestación de ideas y de opiniones en relación al orden político e ideológico en la isla y sobre todo cuando se toman iniciativas al respeto. La propia constitución legaliza tal represión cuando establece que es punible cualquier ejercicio de las libertades contra *"la existencia y fines del Estado socialista"* y contra *"la decisión del pueblo*

---

[178] Ver : http://www.amnesty.org/en/region/cuba
[179] Ver : http://www.hrw.org/world-report

cubano de construir el socialismo y el comunismo ". Sin embargo la calificación de lo que amenazaría la existencia y los fines del Estado socialista, así como la construcción del socialismo y del comunismo es totalmente arbitraria y dejada en las manos del aparato policial y judicial e, *in fine*, del aparato político, por lo que el ciudadano en Cuba se encuentra totalmente entregado a la interpretación que se le da a dichas amenazas. En realidad se trata de una batalla ideológica, en la que el régimen teme que la introducción de ideas nuevas y no conformes a los dogmas imperantes ponga en peligro todo el edificio socio-político. Este proceso se repite desde hace años, acarreando a Cuba condenas repetidas por parte de las asociaciones que militan por los derechos humanos y de las instituciones dedicadas a su defensa. Es como un círculo vicioso, del cual el país no saldrá, hasta que cambie significativamente el modo de funcionamiento del sistema socio-político.

La apertura contrariada

Cuando llegué a Cuba, en septiembre de 1994, el país se encontraba totalmente aislado del resto del mundo, pues se había derrumbado el "campo socialista" y, con él, las relaciones de amistad y de cooperación que habían permitido a la isla sobrevivir a su confrontación con el imperio cercano. Aquel aislamiento, de orden político, económico y cultural, se había vuelto total, pues incluso el tercer mundo - en el que Cuba tenía influencia y prestigio - había perdido su relevancia política con el fin de la guerra fría. No había más países amigos, a quienes acudir. Solo quedaba el enemigo, listo para agredir, y la indiferencia del resto del mundo. La apertura hacia el exterior volvió se por lo tanto una necesidad apremiante, tanto para resolver los problemas internos de la isla como para generar nuevos lazos de amistad y de cooperación en un mundo que se había vuelto básicamente unipolar.

La problemática del país, tal como la percibí llegando a Cuba, era salir del aislamiento, preservar las conquistas sociales y recuperar la economía: tres dimensiones estrechamente vinculadas. De hecho, aquellas dimensiones del proceso de recuperación del país eran muy claras para el gobierno cubano, formando los ejes prioritarios de sus políticas exterior e interna. Era por lo tanto necesario acabar con el ostracismo político y económico del cual sufría Cuba, así como crear nuevos espacios de cooperación y de intercambio comercial (principalmente con América Latina y el Caribe por un lado y con Europa por otro lado). Había también que fomentar la inversión extranjera y el turismo como fuentes de ingreso, mientras que se llevaban a cabo las reformas necesarias para recuperar la economía. Era igualmente necesario promover una nueva imagen de Cuba en el mundo: la de un país abierto al cambio y al diálogo, lo que iba a ser bastante más difícil. Para todo ello, era necesario superar varios obstáculos.   En primer lugar, la persistencia - y posteriormente la agravación - del bloqueo norteamericano. En segundo lugar, la estigmatización de Cuba en la esfera de la democracia y de los derechos humanos. Finalmente, en tercer lugar, el propio posicionamiento político e ideológico del gobierno cubano en relación a las cambios internos y al nuevo orden mundial.

Como "romper el aislamiento" de Cuba y encontrar nuevos apoyos volvió se una prioridad en el campo externo, le tocó al Ministerio de Relaciones Exteriores (Minrex) emprender esa tarea. De hecho, y a mi ver, aquel ministerio la emprendió con bastante éxito, pues Cuba fue creando progresivamente puentes sólidos con el resto del mundo durante el tiempo que estuve en la isla, a pesar de las dificultades y de los retrocesos dictados por la postura político-ideológica del país. Debo recalcar que aquel suceso se debió mucho al talento de su ministro de Relaciones Exteriores, Roberto Robaina, y a la dedicación de los diplomáticos cubanos. Roberto Robaina o Robertico -

el *ministro salsero* como lo llamaban - era una figura bastante original. Joven, de estatura media, con anteojos finos y un bigote negro, siempre vestía de blanco y negro (llevando muchas veces un pantalón y una playera negros con una chaqueta blanca de mangas arremangadas). Ex secretario de la Unión de Jóvenes Comunistas (UJC), era muy popular entre los jóvenes y tenía cierto carisma, lo que sin duda acabaría por perjudicarlo políticamente, como lo veremos más adelante. Era directo, franco y comunicativo. Tenía yo con él una relación muy cordial, dentro del trabajo y al margen del trabajo. Mi esposa recuerda que hasta bailó a nuestro lado, en una fiesta en la que nos había convidado Mark Entwistle, el embajador de Canadá.

Robaina creó, durante el tiempo que estuve en La Habana, un clima de relacionamiento amistoso e informal con - y entre - los jefes de misión acreditados en Cuba. Lo logró a través de su estilo de trabajo - directo y poco formal - y de iniciativas de toda índole como, por ejemplo, la organización de recorridos en la isla. Como lo mencioné más arriba, mi esposa y yo visitamos Varadero con un grupo de embajadores y sus cónyuges, visita en la cual el canciller nos acompañó personalmente. Robaina también nos citaba en la cancillería para atender reuniones de información sobre cuestiones de actualidad, las cuales eran bastante abiertas al intercambio entre los participantes. Ofrecía además recepciones diplomáticas en los jardines de la cancillería, cada vez que un canciller de otro país visitaba oficialmente Cuba. En ellos uno podía disfrutar del concierto de los pájaros exóticos - que por iniciativa de Robaina ahí se encontraban - tomando unos mojitos y conversando con los demás invitados.

Debido a aquel ambiente relajado - y a las dificultades materiales que por otra parte imperaban en la isla - existía entre los embajadores, demás jefes de misión y sus cónyuges un clima de amistad y de solidaridad que traspasaba las barreras formales de nuestras respectivas misiones. Las tensiones diplomáticas a nivel local eran escasas porque el trabajo de las embajadas consistía esencialmente en observar, analizar y relatar lo que pasaba en el país [180]. La comunidad diplomática en La Habana era por lo tanto una sociedad bastante convival, con relaciones amistosas entre sus miembros. Recuerdo en particular un almuerzo al cual nos convidó el embajador de China, Lui Peigen, durante el cual nos sirvieron no menos de 32 platos diferentes - según la tradición china - seguidos cada uno por el no menos tradicional brindis *¡Kaipé!* que se celebra con aguardiente de arroz: un encuentro muy cordial, pero del cual salimos todos algo embriagados (y yo con un malestar de una semana por haber comido medusas que parecían fideos). Recuerdo igualmente una cena bastante caótica que ofrecimos en nuestra casa a un grupo de embajadores amigos, en la que sucedió un apagón y en la que nuestra planta eléctrica también falló. Terminamos comiendo *el pavo del comandante* [181] a la luz de las velas, con buenos

---

[180] Lo que se ha vuelto común en una época en la que los jefes de Estado y de Gobierno suelen discutir directamente sus problemas, sin pasar por el canal de sus embajadas.

[181] Cada año, antes de navidad, el presidente del Consejo de Estado, Fidel Castro Ruz, mandaba a cada jefe de misión una gran cesta de alimentos con

vinos, conversaciones animadas y con mucho sudor, debido al calor.

Las visitas realizadas por Robaina a otros países así como las invitaciones de cancilleres de otros países a la isla reflejaban los continuos esfuerzos de Cuba para vincularse y ganar aliados en la escena internacional. Cuba recibió así a no menos de 19 cancilleres a lo largo de mi estancia en la isla, contando solamente a las visitas que ocurrieron mientras que yo estaba presente en La Habana [182]. Aquellas visitas abarcaban a países tan diferentes como México, Kazajstán, Mozambique, Mongolia, Libia, Rusia o la República de San Marino [183] . Las visitas a nivel de jefe de Estado fueron, por motivos hasta hoy desconocidos, algo menos regulares [184]. Después de la visita del presidente del Vietnam, en octubre de 1995, sólo presencié siete visitas a nivel de

---

un pavo tan grande que todos terminábamos comiendo pavo en las casas de los unos y de los otros durante los meses que seguían.

[182] México, Kazajstán, Bolivia, Mozambique, África del Sur, Mongolia, Libia, Rusia, Burkina Faso, San Marino, Angola, Uganda, Ecuador, Ucrania, Brasil, Italia, Portugal, Perú y Panamá.

[183] En la ocasión de una de ellas tuve mismo la sorpresa de encontrar de vuelta a Ablasse Ouedrago, un viejo colega del PNUD, quien había regresado a Burkina Faso para asumir las funciones de canciller de su país.

[184] Al regresar de la Conferencia internacional de Habitat II, en junio de 1996, Fidel Castro sufrió según parece de un accidente de salud bastante serio. No se le vio más durante meses y los rumores en Miami, reportados por el Miami Herald Tribune, lo consideraron como muerto. Asistimos posteriormente a una intervención de Fidel en la televisión nacional en la que se le veía, según recuerdo, muy cansado y con facultades intelectuales bastante afectadas. No se sabe hasta hoy lo que le ocurrió en aquel año.

jefe de Estado, de junio de 1998 en adelante [185]. Para aquellas visitas el presidente Fidel Castro siempre ofrecía una recepción en el cuadro más solemne del Palacio de la Revolución, palacio al cual uno accedía subiendo su gran escalinata monumental, flanqueada en aquella ocasión por guardias en uniforme de gala. Todas la visitas eran importantes para Cuba, aunque se tratara de un micro Estado, como la República de San Marino, o de la Soberana y Militar Orden de Malta, pues cada voz contaba en los foros internacionales (como, en particular, la Comisión de los Derechos Humanos en Ginebra y la Asamblea General de las Naciones Unidas en Nueva York).

Mientras que desempeñé mis funciones en Cuba el Minrex también invitó - por el canal de sus misiones permanentes y en coordinación con el Minvec [186] - a la casi totalidad de los directores generales o ejecutivos de los programas, fondos y agencias de las Naciones Unidas. Fue por lo tanto un verdadero desfile de altos ejecutivos del sistema de Naciones Unidas porque Cuba era un destino muy popular (no por motivos meramente turísticos sino por connotaciones históricas y políticas). Todos los altos responsables de programas vinculados a las Naciones Unidas visitaron a la isla como, en particular, Catherine Bertini, la directora ejecutiva del PAM, y Gus Speth, el administrador del PNUD,

---

[185] Colombia, Ghana, Haití, Orden de Malta, Barbuda, Belice y Gambia.

[186] Ministerio de la Inversión Extranjera y de la Colaboración Económica (Minvec).

programas que representaba yo en Cuba [187] . Las cabezas de los fondos vinculados a las Naciones Unidas vinieron también casi todas, en particular Nafís Sadik, la directora ejecutiva del FNUAP, y Carol Belamy, la directora ejecutiva del UNICEF. Vinieron igualmente la mayoría de los directores y secretarios generales de las instituciones especializadas de las Naciones Unidas [188] , como Federico Mayor, el de la UNESCO, Jacques Diouf, el de la FAO, Hiroshi Nakajima, el de la OMS y Rubens Ricupero, el de la CNUCED. Algunos de ellos eran mismo "reincidentes", como Federico Mayor, que vino hasta tres veces durante mi estancia en la isla. A Federico Mayor, le encantaba venir a Cuba, porque tenía una relación intelectual muy especial con Fidel. Debatía de todo con el comandante y los dos confrontaban sus opiniones en público, en ocasión de eventos internacionales.

Los secretarios generales de Naciones Unidas, Boutros Boutros- Ghali y, posteriormente, Kofi Annan, nunca nos visitaron por razones obvias (vista la relación complicada de la Organización con su mayor contribuyente, los Estados Unidos, que usaba a menudo el arma de las contribuciones para presionarla). Sin embargo, recibimos las visitas de algunos altos responsables de la Organización, como en particular la de José Ayala-Lasso, el alto comisionado de la

---

[187] También vinieron los directores ejecutivos del de Programa Internacional de Fiscalización de Drogas y del Programa para el Medio Ambiente.

[188] Los directores generales de de la AIEA, de la UNESCO, de la FAO, de la ONUDI, de la OMS, de Habitat y los secretarios generales de la OMM, de la OACI, de la CNUCED y de la OMI.

Naciones Unidas para los Derechos Humanos - ya mencionada en el capitulo anterior - y la de Gert Rosenthal, el secretario general de la CEPAL, quien venía a menudo a Cuba para examinar con las autoridades la situación económica del país. Algunas visitas de altos responsables de agencias especializadas también tenían connotaciones políticas, como en particular la de Hans Blix, el director general de la Agencia Internacional para la Energía Atómica (AIEA), igualmente conocido por ser posteriormente el jefe de la misión de Inspección de las Naciones Unidas en Irak [189].

Todas aquellas visitas consumían bastante tiempo de mi agenda, pero eran por otro lado muy útiles para el desempeño de mis funciones. Encontraba de esta forma a todos los miembros del gobierno interesados por el tema de la visita, entre los cuales muchas veces Carlos Lage, el secrctario del comité ejecutivo del Consejo de Ministros (el cual ejercía de hecho, en términos de funciones, un papel parecido al de un primer ministro). Era cada vez para mí una especie de *briefing* sobre los problemas de la isla, los grandes desafíos a superar y las iniciativas consideradas por el gobierno, al cual poca gente tenía acceso. Las visitas siempre seguían el mismo ritual. Comenzaban por la recepción del

---

[189] Durante su visita de enero de 1995 se acababa de enterar de la situación de la central nuclear de Juraguá (provincia de Cienfuegos), proveída por la ex Unión Soviética a Cuba bajo un acuerdo de garantía firmado con la AIEA (central hasta hoy inacabada y parada). Asimismo, tenía en su agenda la firma por Cuba del tratado de Tlatelolco - tratado de interdicción de las armas nucleares en América Latina y el Caribe - pidiéndome al respecto que siguiera informalmente el asunto con las autoridades cubanas (el tratado seria finalmente firmado en marzo de 1995).

visitante al pie del avión, seguido por su hospedaje en la "casa de protocolo" (ciertos visitantes trataban de resistir, prefiriendo un hotel, pero no se les dejaba mucha posibilidad para huir del esquema). El programa de visita siempre se entregaba de última hora - por lo que generaba cierto *stress* - cubriendo una serie de citas con los ministros interesados así como visitas a instituciones o proyectos relacionados. Muchas veces la visita coincidía con una conferencia o un evento internacional en los que participaban los invitados. Casi siempre el gobierno organizaba una cena en una "casa de protocolo", en la cual se discutía de manera informal acerca de la cooperación con Cuba, mientras que yo solía ofrecer un *coctel* donde se invitaba a las autoridades involucradas en la visita. Sin embargo, el *súmmum* del suspenso siempre se relacionaba con el hecho de saber si el visitante iría a encontrarse con el comandante. En ciertos casos el encuentro se daba en la ocasión de la conferencia o del evento al cual acudía el visitante. En otros casos el visitante era recibido en el Palacio de la Revolución. Fidel Castro solía también visitar a sus huéspedes en las propias "casas de protocolo", sin avisar. Cuando el encuentro se daba, nuestro visitante salía encantado. Cuando no ocurría, salía decepcionado. Sin embargo, esta parte del programa era totalmente impredecible.

De un modo general, el proceso de apertura de Cuba hacia el exterior se dio bastante bien en términos económicos y comerciales. Las inversiones extranjeras comenzaron a fluir, a partir de 1994, con una importante inversión canadiense en el sector minero [190] . El sector turístico fue sin embargo el que más se desarrolló en aquel periodo, con la participación de grandes cadenas internacionales en la administración del parque hotelero [191] . Cuando dejé la isla ya ocurrían las primeras inversiones en el sector de los bienes raíces. Mientras tanto el turismo se expandía con el aumento de los vuelos con destino a La Habana y Varadero y con el incremento del número de visitantes a la isla, que sobrepasó en 1996 el millón de turistas. Se consolidó además la cooperación económica con los países del Caribe (CARICOM) y se fomentó con ellos un proyecto de unión económica [192] . Paralelamente, el proceso de "acercamiento" de Cuba en el plano político se daba paulatinamente en la escena internacional, como lo revela la progresión cada año de las resoluciones de la Asamblea General de las Naciones unidas condenando a los Estados Unidos por el bloqueo a Cuba [193].

Sin embargo, lo que más llamó la atención del mundo, en términos de apertura, fue la visita que hizo

---

[190] Constitución de una *joint venture* entre la firma canadiense Sherritt International y la Unión del Níquel cubana para explotar y refinar el níquel de Moa.

[191] Grupo español Sol Meliá, grupo francés Accor, etc.

[192] Primer encuentro de los jefes de Estado y de gobierno del Caribe en Santo Domingo (Agosto de 1998).

[193] Dichas resoluciones recibieron el apoyo de 59 Estados en 1992, 101 en 1994, 138 en 1996 y 155 en 1999, mientras que las abstenciones disminuían cada año y que Estados Unidos e Israel solos votaban en contra.

el papa Juan Pablo II a Cuba, en enero de 1998. Pocos días antes de su llegada Fidel Castro había declarado en comparecencia televisiva que "debemos recibir al Papa como a un hombre que se preocupa por muchos importantes problemas del mundo contemporáneo". Como ya lo enfaticé, la visita del Papa involucraba algo más profundo que la simple relación de la iglesia católica con el Estado cubano: las visiones cruzadas de dos líderes carismáticos sobre la evolución de la humanidad. Por otro lado, fue para la Iglesia la ocasión de apoyar el proceso de apertura cubano. El mensaje pontificio era básicamente que "Cuba se abra al mundo y que el mundo se abra a Cuba".

La visita del Papa a la isla duro cinco días. Fue recibido con todos los honores correspondientes a un jefe de Estado. Todo el cuerpo diplomático, en particular, fue citado al aeropuerto José Martí para saludar a Su Santidad Juan Pablo II y nos tocó a mi esposa y a mí darle la bienvenida. Mi esposa y el Papa hasta intercambiaron palabras en alemán, idioma que Juan Pablo II hablaba perfectamente, pues ella ya lo conocía de Viena, donde había celebrado una misa [194]. Fuera de una visita de cortesía del Papa al presidente Castro, Juan Pablo II celebró cuatro misas de punta a punta de la isla: en Santa Clara, en Camagüey, en Santiago de Cuba y finalmente en La Habana, todas atendidas por una muchedumbre. Asistimos a la última

---

[194] De hecho, mi esposa habló con Juan Pablo II durante casi un minuto, mientras que Fidel Castro y la cola de los diplomáticos esperaban, como lo muestra la foto seleccionada por Alberto Michelini, el periodista oficial del Vaticano, en su libro sobre la visita del Papa titulado *Cuba, Te amo*.

misa en la propia Plaza de la Revolución, acondicionada para la circunstancia, con un inmenso cuadro del Sagrado Corazón de Jesús frente al no menos inmenso retrato estilizado del *Che*, fijo a la fachada del ministerio del Interior. El Papa vestía una ropa pontifical verde mientras que Fidel, sentado en la primera fila, asistía vestido con un traje civil.

Sin embargo el proceso de apertura, que culminó con la visita del Papa, fuc obstaculizado y contrariado en varias ocasiones por las propias iniciativas del gobierno cubano en los ámbitos tanto externo como interno. El derrumbe de las dos avionetas de *Hermanos al Rescate*, en febrero de 1996, provocó, como lo vimos, una nueva crisis en la región del Caribe, llevando el mes siguiente al presidente Clinton a firmar la ley Helms-Burton que endurecía el bloqueo y fomentaba la desestabilización del régimen cubano [195]. La represión política e ideológica ejercida contra personas y grupos aspirando a cambios en la isla provocó también en el año de 1996 una nueva condena de Cuba por la Comisión de los derechos humanos y la adopción por parte de la Unión Europea de la llamada "posición común" al respecto [196]. En el área de las relaciones internacionales el posicionamiento de Cuba sobre la crisis de Kosovo y el bombardeo de Serbia por las fuerzas de la OTAN [197] - de marzo hasta junio de

---

[195] Ver: El Imperio cercano

[196] Ver: Los derechos humanos.

[197] La ex Yugoslavia fue bombardeada durante once semanas consecutivas por las fuerzas de la OTAN para que el gobierno de Milosevic cediera políticamente frente a las exigencias de los países occidentales

1999 - afectó de nuevo las relaciones de la isla con los países europeos. Al condenar públicamente la intervención de la OTAN y al declarar que el secretario general de la Organización, Javier Solana, debía ser enjuiciado como criminal de guerra, Fidel Castro expresó en efecto una posición conforme a sus convicciones políticas e ideológicas, pero dañina - en la forma en que se dio - al proceso de acercamiento y de apertura que su ministro de relaciones exteriores había estado promoviendo. Fue sin duda aquella contradicción entre dos rumbos paralelos de la política externa de Cuba y probablemente la controversia que debió surgir entre el jefe del Estado y su canciller las que llevaron a la destitución de Roberto Robaina como ministro de Relaciones Exteriores [198] y su sustitución por Felipe Pérez Roque, el secretario particular de Fidel.

Cuando el periódico Granma anunció el 28 de Mayo de 1999 que Roberto Robaina había sido destituido de sus funciones mi esposa se encontraba aquella mañana en una de las salas del hospital del CIMEQ. Fue una sorpresa total, para todos, pues la víspera en la noche se había anunciado en la radio que

---

(principalmente Estados unidos, Alemania, Francia y Reino Unido). Aquella intervención es hasta hoy el objeto de vivas polémicas porque fue decidida unilateralmente, sin mandato del Consejo de Seguridad de las Naciones Unidas y bajo justificaciones humanitarias bastante controvertidas.

[198] Se acusaron a Robaina y a su esposa de corrupción, por lo que fue destituido de su función de ministro y, posteriormente, expulsado del partido y despojado de su cargo de diputado (2001). Según el periódico El País, Robaina ocuparía hoy un cargo en el Parque Almendares de la Habana (lo que los cubanos suelen llamar de "plan pijama") y se dedicaría a la pintura.

el ministro salía para el exterior en una gira de visitas oficiales. Al leer un joven médico el periódico, en alta voz, se juntaron otros médicos y enfermeras. Algunos lloraban, al escuchar la noticia, lo que era una muestra de la popularidad de Robertico entre los jóvenes de la isla. Un carisma que sin duda le perjudicó al asumir ciertos posicionamientos políticos. Se cerró así un capítulo de la política exterior de Cuba dirigida hacia la apertura pero contrariada por la postura política e ideológica de la cúpula del poder y del jefe del Estado en particular.

La transición abortada

De todos los cambios que ocurrieron, cuando serví en Cuba, el más relevante - en el orden interno - fue el arranque en 1994 de un proceso de restructuración económica que suscitó muchas expectativas pero que se estancó a partir de 1996. Como ya lo señalé, la economía cubana se encontraba exangüe cuando llegué a la isla, debido al derrumbe del llamado campo socialista y al desplome correlativo del sistema de intercambios en el que se movía el país. No había más petróleo para generar energía y combustibles, no existían más piezas de repuesto para mantener las maquinarias, la zafra de la caña de azúcar estaba en su más bajo nivel histórico, escaseaban las divisas para importar lo que necesitaba la isla y faltaban los alimentos y productos de primera necesidad. Aquella escasez crítica también se debía por otra parte al modo de administración de la economía cubana - como lo apunté más arriba [199] - pero se volvió considerablemente más visible y dramática con el hundimiento del CAME [200] . Fue en aquel contexto que Raúl Castro - entonces ministro de las Fuerzas Armadas Revolucionarias, pero siempre atento, a mi

---

[199] Ver: La escasez sistémica.

[200] El Consejo de la Ayuda Mutua Económica, en el ámbito del cual se daban los intercambios económicos y comerciales.

entender, a la problemática económica del país [201] - declaró públicamente en una entrevista publicada en el periódico Granma que: *"los frijoles son más importantes que los cañones".*

La declaración de Raúl Castro llamó mucha la atención en aquel momento porque, a pesar de tener una influencia discreta - pero real - sobre la dirección política de la isla, poco se le veía en público y tampoco se expresaba tan visiblemente en los asuntos internos. De hecho, la declaración de Raúl Castro marcó el arranque de una serie de reformas económicas de gran amplitud, si uno considera las características de entonces de la economía cubana y su modo de funcionamiento. En realidad, las primeras transformaciones del sistema económico cubano ya habían comenzado a principio de los noventa, como respuesta a la crisis estructural que enfrentaba la economía, pero sin que formaran parte de una estrategia clara y global, como lo recalcaban los propios economistas cubanos [202]. Se tomaron así una serie de medidas para aliviar las presiones económicas y financieras tales como la apertura progresiva al capital extranjero, la presencia creciente de sociedades anónimas (de las cuales muchas con capital mixto extranjero), el fin del monopolio estatal del comercio exterior, cambios en la estructura organizativa del

---

[201] Raúl Castro, como ministro de las Fuerzas Armadas, supervisó la restructuración del conjunto de empresas dependientes de su ministerio, en las cuales se experimentaron las reformas más avanzadas en términos de eficiencia económica y de gestión empresarial.

[202] Ver: Julio Carranza Valdés, Luis Gutiérrez Urdaneta y Pedro Monreal Gonzáles, Cuba – *"La restructuración de la economía cubana, Una propuesta para el debate"*, Editorial de ciencias sociales, La Habana, 1995.

Estado, el reconocimiento de nuevas formas emergentes de propiedad (al lado de la "propiedad socialista") y la despenalización de la tenencia de divisas para todos los ciudadanos cubanos. Se inició también un diálogo informal con interlocutores exteriores para examinar la situación económica de la isla e identificar posibles rumbos para su recuperación [203]. Sin embargo, las reformas económicas tomaron a partir de 1994 un nuevo rumbo, más incluyente y voluntarista, por lo que comenzó a hablarse de transición hacia un nuevo modelo económico.

Entre las medidas de gran alcance que se adoptaron a finales de 1993 y a lo largo de 1994 hay que resaltar la legalización y la regulación del trabajo por cuenta propia, la creación de las Unidades Básicas de Producción Cooperativa (UBPC), la creación de los mercados agropecuarios y, posteriormente, la de los mercados de productos industriales y artesanales. Con aquellas medidas el Estado se retiró deliberadamente del ejercicio de ciertas actividades económicas, dejando más espacio para la actividad privada y el cooperativismo e introduciendo mecanismos de mercado en la gestión de la economía, sin que esto significara no obstante una privatización de la

---

[203] Aunque Cuba se retiró del FMI al principio de los 60, recibió informalmente en noviembre de 1993 una misión de aquella institución para examinar la situación económica de la isla (sin embargo, nunca se contempló cualquier programa de ajuste estructural para Cuba, al que el gobierno hubiera sido fundamentalmente hostil). El ex ministro español de la Economía, Carlos Solchaga, también fue consultado por el gobierno cubano (el "Informe Solchaga" recomendaba en particular de liberalizar la inversión extranjera, de extender el trabajo por cuenta propia y de privatizar las empresas no rentables).

economía. A mediados de 1994 ya se habían concedido más que 160.000 licencias para el ejercicio de trabajo por cuenta propia, mientras que se había entregado el usufructo de unas 1.260.000 hectáreas a más de 1.200 cooperativas agrícolas (UBPC) en el sector no cañero. En el sector cañero, se habían creado más de 1.500 cooperativas agrícolas (UBPC), las cuales cubrían la totalidad del área estatal dedicada a la caña [204]. En los mercados agropecuarios, todos los productores - pequeños agricultores, cooperativistas y granjas estatales - ya podrían vender sus excedentes libremente, a precios determinados por la oferta y la demanda. Lo mismo ocurriría en los mercados industriales y artesanales, con los agentes que allá operaban (empresas estatales, locales y productores individuales).

La puesta en marcha de aquellas reformas no era fácil, porque había no solamente que modificar el marco legal e institucional de aquellos sectores de actividad sino también la mentalidad de los productores e, *in fine*, la de las personas. El despegue del cooperativismo, por ejemplo, era obstaculizado por el comportamiento de los agentes estatales, acostumbrados a controlar las actividades de las unidades de producción, mientras que los productores continuaban considerándose por su lado más como obreros que como miembros de una cooperativa agrícola. Sin embargo, las actividades por cuenta propia comenzaron a expandirse con bastante rapidez, debido por una parte a las carencias sistémicas que

---

[204] Ibíd.

imperaban en la economía y por otra parte a la necesidad para mucha gente de resolver sus problemas. Florecieron de esta forma muchas actividades, en su mayoría de naturaleza artesanal, las cuales permitieron a mucha gente aliviar los problemas del día. No obstante, el marco regulatorio de aquellas actividades no era muy claro y también fluctuaba, por lo que la gente siempre trabajaba al margen de la legalidad. Además, como no era fácil conseguir la materia prima y los equipos, todas aquellas actividades dependían en gran parte del mercado negro (el cual era abastecido en general por desvíos y robos de mercancías). Entre las actividades que florecieron en aquel momento y que se volvieron muy populares para los turistas hay que mencionar los famosos *paladares*. Los *paladares* eran restaurantes privados, que funcionaban en los propios comedores de las familias quienes los abrían, donde uno podía almorzar o cenar por un precio muy módico en aquella época (según me dijeron, posteriormente los precios subieron mucho).

Un año después del arranque de aquellas reformas la economía cubana presentaba un rostro bastante contradictorio. Por una parte se había consolidado la dualidad de la economía, tal como analizada por los propios economistas cubanos y caracterizada por la coexistencia de dos sectores bastante diferentes y prácticamente incomunicados [205] : un sector emergente, relativamente dinámico, dirigido hacia la exportación y el turismo, donde prevalecían las

---

[205] Julio Carranza Valdés, Luis Gutiérrez Urdaneta y Pedro Monreal González, Ibíd.

sociedades mixtas y la inversión extranjera y en el cual las transacciones se hacían en divisas - principalmente el dólar - por un lado y, por el otro lado, un sector tradicional, en gran parte paralizado y poco eficiente, dirigido hacia el mercado interno, donde prevalecían las empresas estatales y en el cual casi todas las transacciones se hacían en pesos no convertibles [206]. Además, muchas de las medidas y reformas que se habían adoptado anteriormente iban abriendo grietas en la sociedad cubana y creando disparidades entre los ciudadanos. El libre acceso al dólar y la ampliación de su uso en la isla - permitido por la despenalización de su tenencia, por el flujo de remesas de familiares de Estados Unidos y por la aparición de nuevos ingresos en divisas vinculados al turismo (propinas, actividades por cuenta propia, etc.) - iban creando desigualdades entre los que podían adquirir dólares y comprar lo que necesitaban en las tiendas en divisas y aquellos que sólo tenían *la libreta* para comprar en pesos los escasos productos que en aquel sector se conseguían. Además, y más allá de las actividades por cuenta propia, iban surgiendo nuevos comportamientos e iniciativas lucrativas al límite de la legalidad o claramente ilegales (*jineterismo*, desvíos y robos, etc.). Todo aquello comenzó a alimentar, en aquel momento, una amplia polémica subterránea sobre

---

[206] No hubo a mi ver una política deliberada de favorecer un sector emergente en detrimento del sector tradicional, sino la necesidad imperativa de conseguir divisas para el país, lo que generó un conjunto de prioridades para la inversión en el turismo y en los sectores exportadores. Si bien que uno de los mayores problemas que quedan por resolver en Cuba es la dualidad de su economía, el cual requiere para su solución una restructuración del sector tradicional y medidas dirigidas hacia un mayor dinamismo y eficiencia de aquel sector.

las perspectivas y los limites de las reformas en curso.

Mi principal interlocutor en el Ministerio de la Inversión Extranjera y de la Colaboración Económica, Raúl Taladrid, viceministro del Minvec, solía decirme, cada vez que se abordaba el tema de la restructuración de la economía cubana, que *"Cuba no está en transición hacia el capitalismo"*: una manera de llamarme al orden, por si acaso no lo hubiera yo entendido. De hecho, aquella afirmación era cierta, como lo atestigua la propuesta más audaz de restructuración de la economía cubana, en aquel momento redactada por un grupo de los mejores economistas de la isla - Julio Carranza, Luis Gutiérrez y Pedro Monreal - la cual podría ser calificada de bastante ambiciosa en términos de cambios [207]. En aquella propuesta se aspiraba a eliminar los desequilibrios financieros que afectaban a la isla, superar la dualidad de su economía y encaminarse hacia una economía mixta donde se introducirían mecanismos de mercado pero en la cual el Estado guardaría íntegramente su papel rector. Aquella propuesta, según entiendo, llegó a ser examinada por los sectores más "progresistas" del propio gobierno. No dudo de que Carlos Lage - el secretario ejecutivo del Consejo de Ministros, quien estaba a cargo de la coordinación de las reformas económicas - y José Luis Rodríguez - el ministro de Economía y planificación - estaban bastante enterados de tal propuesta. Esta era consistente con el primer tren de reformas que se había

---

[207] Julio Carranza Valdés, Luis Gutiérrez Urdaneta y Pedro Monreal González, Cuba – *"La restructuración de la economía cubana, Una propuesta para el debate"*, Editorial de ciencias sociales, La Habana, 1995.

adoptado y apuntaba hacia una dirección lógica para la recuperación de la economía de la isla y la consolidación de los logros sociales del país.

Sin embargo, aquellas orientaciones no eran del gusto de todos. Había muchos sectores "del partido y del Estado" - como era costumbre referirse - a quienes no les gustaban las reformas. Aquellos sectores temían que se iniciara un proceso de privatización de la economía que aterrizara de una forma u otra en el resurgimiento de una economía capitalista. Tenían en la mente el proceso de privatización salvaje que ocurría en la ex Unión Soviética y en las extintas democracias populares de Europa del Este. Temían también que se ampliaran las desigualdades en la sociedad cubana y que, *en extremo*, se creara una neoburgesía en el país. Temían además perder el poder y los privilegios que les confería el sistema, porque tales reformas afectarían necesariamente las posiciones de los *apparatchikis* [208] y de los burócratas. Asimismo, temían que "el enemigo" - los Estados Unidos y los grupos contrarrevolucionarios - se aprovecharan de los cambios para desestabilizar al régimen revolucionario. De hecho, muchas embajadas occidentales seguían paso a paso las reformas, sugiriendo una aceleración y criticando la cautela del gobierno en aquel ámbito. Se generó sin duda, dentro del partido y dentro del Estado, una confrontación silenciosa pero probablemente bastante dura entre los sectores, yo diría, "progresistas" y los sectores que yo calificaría de "conservadores", en la cual los que se

---

[208] Los dirigentes del aparato político y administrativo en la terminología soviética y, por extensión, todos los cuadros permanentes de un sistema político-administrativo.

oponían a la continuación de las reformas terminaron ganando. Es difícil saber hasta qué punto los propios Fidel y Raúl Castro tuvieron una influencia personal y decisiva en el estancamiento de las reformas en el año de 1996. No obstante, una cosa es cierta, a pesar de no ser visible ni estar documentado: había dos corrientes opuestas y la que predominó en aquel momento fue la que era hostil a continuar los cambios.

Para entender aquel aborto es necesario, desde mi punto de vista, analizarlo en el contexto - una vez más - de las interminables relaciones conflictivas que prevalecían entre Cuba y los Estados Unidos. A finales de 1995 los sectores más reaccionarios del exilio cubano habían conseguido promover en el congreso estadounidense nuevas armas contra el régimen cubano, las cuales no endurecerían solamente el bloqueo contra Cuba, sino que iban a acentuar la confrontación política e ideológica con el país. El llamado "segundo carril" - introducido por la ley Torricelli en octubre de 1992 y posteriormente reforzado por la ley Helms-Burton en Marzo de 1996 - ambicionaba derribar al régimen cubano a través de una seria de iniciativas para promover un cambio "democrático" en la isla, incluyendo contactos con, y apoyo a, grupos supuestamente favorables al cambio [209]. A partir de aquel momento el propio concepto de "cambio" se transformó, a mi ver, en un factor de posible desestabilización para el gobierno cubano y en un tema de confrontación ideológica y política entre Cuba y Estados Unidos, por lo que terminó afectando

---

[209] Ver: El Imperio cercano.

tanto las reformas económicas en la isla como cualquier tentativa de apertura en los campos político, social y cultural. Así se explica, a mi ver, la serie de iniciativas políticas e ideológicas tomadas sucesivamente por el gobierno cubano a lo largo de 1996, las cuales reflejaban el endurecimiento político e ideológico de la dirección del país y afectaron cualquier tentativa de cambio posterior.

En primer lugar - y como para prevenir lo que la futura ley Helms-Burton ya estaba fomentando - el Gobierno cubano impidió, como ya lo mencionamos, la reunión en febrero de 1996 del autoproclamado Concilio cubano, una coalición de grupos y de personas que aspiraban a cambios y fueron objeto de medidas de represión [210]. En segundo lugar, las fuerzas áreas de Cuba derribaron, como lo vimos, dos avionetas de *Hermanos al Rescate*, en clara señal de que cualquier tentativa de propaganda y desestabilización externa sería despiadadamente reprimida [211]. En tercer lugar, se desencadenó una campaña de intimidación ideológica en dirección de los sectores que pudieran, conscientemente o no, servir a los propósitos del "segundo carril". El caso del CEA [212], analizado por Maurizio Giuliano, es muy revelador de aquella cacería de brujas desencadenada por el partido hacia la *intelligentsia* cubana, iniciativa que generó muchas inquietudes en los medios intelectuales de la isla. El

---

[210] Ver: Los derechos humanos.

[211] Ver: El Imperio cercano.

[212] *Mauricio Giuliano, "El caso del CEA - Intelectuales e Inquisidores en Cuba ¿Perestroika en la Isla?"*, Ediciones Universal, Miami, 1998.

Centro de Estudios sobre América [213] fue públicamente acusado en un informe del buró político del Comité Central del PCC de servir a los propósitos del "segundo carril". A pesar de su dedicación a la Revolución, sus investigadores fueron calificados de "agentes del imperialismo" y de "quintacolumnistas". Fueron objeto de un verdadero proceso, en el ámbito de una comisión especial presidida por José Ramón Balaguer, miembro del buró político del Comité central. Se les acusó de dedicarse a investigaciones ajenas a las misiones del Centro, de viajar desconsideradamente a eventos en el exterior y de publicar sin el acuerdo de las autoridades estudios sobre Cuba. Como resultado, se cambio la dirección del Centro y se desmanteló el grupo de investigadores, transfiriéndolos a otras instituciones.

El desmantelamiento del colectivo de investigación del CEA generó mucha emoción en los medios intelectuales de la isla, particularmente en la Unión de los Escritores y Artistas de Cuba (UNEAC), muy apegada a la libertad de creación y de expresión cultural. Temían una repetición de las purgas que habían anteriormente afectado a la intelectualidad cubana [214] y fue necesario que el joven ministro de la

---

[213] El Centro de Estudio sobre América (CEA) era un centro de investigación anteriormente adscrito al Comité Central del Partido Comunista de Cuba (PCC) y posteriormente transformado en ONG para facilitar los contactos externos y conferirle una cierta autonomía. Era un centro muy respetado dentro de la isla e internacionalmente por la calidad de sus investigadores (entre los cuales Julio Carranza y Pedro Monreal, ya mencionados arriba) y de sus publicaciones. Conocí bien a su director, Luis Suárez, el cual era una persona muy franca en sus opiniones y muy abierta en sus análisis, pero al mismo tiempo muy fiel a la dirección política de país.

[214] En particular la purga del círculo de intelectuales asociados a la revista *Pensamiento Crítico* en los años setenta.

Cultura, Abel Prieto, que había surgido de aquella misma Unión, interviniera personalmente para calmar los ánimos. Sin embargo, la señal ya había sido dada, y los conceptos de "cambio", de "reforma" y de "transición" ya sonaban mal. En aquel momento el calificativo de "aperturista" llegó a ser como una crítica y una sospecha, por lo que muchos miembros del gobierno y   altos funcionarios, anteriormente accesibles, se cerraron al contacto externo. En las recepciones diplomáticas ya no acudían más ministros, sino únicamente un viceministro designado para el evento. En lo personal, sentí bastante aquel distanciamiento, pues varios responsables políticos con los cuales había yo desarrollado una relación personal tomaron distancias y no usaron otro lenguaje que el ya consagrado, políticamente e   ideológicamente. Recuerdo en particular que Carlos Lage, con quien había yo desarrollado una relación bastante cordial [215], cambió repentinamente de comportamiento, volviéndose algo frío y distante.

Después de abortar, la transición - no hacia el capitalismo sino hacia otro modelo económico - se transformó en un proceso bastante menos ambicioso de análisis del nuevo entorno económico internacional y de familiarización con el manejo de las economías de mercado. Aquel proceso prosiguió discretamente y a pasos lentos durante los años que me quedaban en Cuba. La contribución de las Naciones Unidas a aquel proceso fue discreta pero sin embargo efectiva. El

---

[215] Carlos Lage vino a nuestra casa cuando dimos recepciones y hasta nos obsequió un CD del grupo musical Irakere, a uno de cuyos conciertos él nos había invitado.

secretario ejecutivo de la CEPAL [216], Gerth Rosenthal, venía a menudo a la isla para enterase de la situación económica de Cuba y intercambiar ideas con las autoridades cubanas sobre las opciones de política económica que se ofrecían al país. Participaba yo a todas las cenas en casa de protocolo que el gobierno organizaba en cada una de sus visitas, en las que estaba presente José Luis Rodríguez, el ministro de Economía y Planificación, sus principales colaboradores y algunos funcionarios de otros ministerios. La CEPAL también contribuyó, a través de contactos regulares, a analizar la evolución económica del país desde su propia perspectiva, culminando el trabajo con la publicación de un informe bastante voluminoso e incluyente sobre la economía cubana [217]. El PNUD contribuyó igualmente al proceso a través de un programa promovido por Fernando Zumbado, su director regional para la América Latina y el Caribe, que implementé con el apoyo de varios colegas. Considero aquel programa [218], cuya ingeniería fue muy original, como uno de los más exitosos en relación a mi labor en Cuba. Gracias a él comenzaron a adiestrarse varias decenas de funcionarios y de ejecutivos en áreas críticas para la gestión de la economía y de las finanzas del país, una

---

[216] Comisión Económica para la América Latina de las Naciones Unidas.

[217] Informe de la CEPAL sobre Cuba, posteriormente publicado bajo el titulo *"La economía cubana: reforma estructural y desempeño en los noventa"*, Fondo de Cultura Económica de México, 1998.

[218] Programa de recuperación de la economía cubana, cofinanciado por el PNUD (1.145.000 dólares) y Noruega (300.000 dólares), el cual beneficiaría cuatro instituciones directamente implicadas en el diseño y la ejecución de las políticas macro-económicas del país (ministerios de Economía, Finanzas y Trabajo y Banco Central de Cuba). Se movilizó también la cooperación "sur-sur" para este programa, con contribuciones en especie de Brasil, Chile y México, en la forma de expertos y funcionarios de alta calificación.

labor discreta pero fundamental para la recuperación económica de la isla.

Casi totalmente aislada en un universo unipolar, donde el capitalismo triunfante se expandía de manera salvaje y a gran velocidad sobre la totalidad del planeta, Cuba necesitaba sondear y entender su nuevo entorno económico internacional. También necesitaba entender y dominar las técnicas de manejo de las economías de mercado, pues su propia economía ya había evolucionado hacia modos de administración más descentralizados y hacia diversas formas de propiedad. En la búsqueda de nuevos modelos y de nuevas vías hacia la recuperación de la economía cubana, Raúl Castro viajó a la República Popular de China, en noviembre de 1997, con la esperanza, tal vez, de hallar allá una respuesta al paradigma de la consolidación de la revolución cubana. Pero sin duda no la encontró, porque la prioridad de China en aquel momento no era la de preservar sus conquistas sociales sino la de restaurar su condición de gran potencia, al precio ya, en aquella época, de su completa inmersión en el capitalismo mundializado. Cuando dejé Cuba, en julio de 1999, la cuestión del modelo económico a fomentar y del camino a seguir no había sido todavía resuelta.

Mirando hacia el futuro

A la interrogante sobre ¿por qué, después de medio siglo, y a pesar de todas las agresiones, de las medidas de desestabilización, del bloqueo y de las presiones de todas clases, el régimen revolucionario no se ha desplomado? la respuesta es muy sencilla: existe un consenso a nivel nacional relativo a lo que los cubanos quieren y a lo que no quieren. Los cubanos no quieren que se les impongan orientaciones o cambios políticos desde afuera. Tampoco quieren dirigirse hacia un sistema de capitalismo salvaje en el cual cada uno debería luchar por su propia supervivencia. Están muy apegados a sus conquistas, principiando por la conquista de la dignidad, sin olvidar los avances y los beneficios alcanzados en todos los sectores sociales. Si no existiera aquel consenso, muy fuerte y muy profundo, hace tiempo que el régimen se habría derrumbado como un castillo de naipes.

Los cubanos, sin embargo, también aspiran a otras cosas además de lo logrado y es aquí donde surge el tema sumamente sensible de la "transición". Están cansados de vivir en un estado de penuria crónica y están fastidiados de no poder cuestionar los fundamentos del sistema imperante. No sueñan con una transición hacia el capitalismo, ni con una transición hacia la democracia formal al modo occidental. Sueñan al contrario con una transición hacia algo nuevo, algo que todavía queda por definirse: un modo de gestión de la economía que permita superar la escasez sistémica del modelo imperante y una práctica de la democracia que autorice la expresión de opiniones y de conductas distintas de la ideología oficial. Sobre esta orientación existiría según toda probabilidad un amplio consenso, aunque nunca se le dio a ella la oportunidad de expresarse. Por lo tanto, las dos grandes cuestiones que quedan todavía por resolverse en Cuba, más de una década después de que salí del país, son: la restructuración del modelo económico cubano y la edificación de una sociedad libre y tolerante.

Como lo dejé entender en el capitulo anterior, ya existe en la mente de muchos economistas y de varios responsables políticos en la isla un esbozo de lo que podría y de lo que debería ser el nuevo modelo económico. Si uno analiza la "propuesta para el debate" formulada por Julio Carranza, Luis Gutiérrez y Pedro Monreal [219] es fácil entender en qué dirección podría dirigirse la economía cubana. Hay sin duda un amplio consenso entre muchos economistas y varios dirigentes sobre la idea de reintroducir y de expandir el mercado (como indicador y mecanismo regulador de la economía) así como sobre la necesidad de que el Estado conserve al mismo tiempo un poderoso papel rector. Se trataría en resumen de pasar de un modo de administración de la economía centralizado y

---

[219] Julio Carranza Valdés, Luis Gutiérrez Urdaneta y Pedro Monreal González, *"Cuba - La reestructuración de la economía cubana, Una propuesta para el debate"*, Editorial de ciencias sociales, La Habana, 1995.

burocrático a un sistema de economía mixta descentralizada, donde el mercado asumiría su función reguladora y donde el Estado cumpliría de otra manera su papel de orientación y de control del desarrollo económico y social. No obstante, y para tal propósito, surgen dos grandes interrogantes: ¿cómo hacerlo? y ¿hasta dónde ir?

Sin querer hacer el elogio del modelo francés de la posguerra, ni sugerir que se le aplique a una situación tan diferente como la que prevalece en la isla, quisiera aquí recordar aquella experiencia por ser, a mi ver, de gran interés para Cuba. Al acabar la segunda guerra mundial los primeros gobiernos de la Francia liberada implementaron el llamado programa del Consejo Nacional de la Resistencia (CNR), un programa dirigido a recuperar la economía del país y a edificar un sistema de protección social universal. Se nacionalizaron amplios sectores de la economía nacional, se reestructuró todo el sector bancario, se crearon varias empresas e instituciones pioneras en sectores de tecnología avanzada, se implantó un amplio sistema de seguridad social, se expandió el papel regulador del Estado y se instituyó un mecanismo de planificación quinquenal para el desarrollo económico y social del país [220]. Como resultado de aquel programa se fomentó un sistema de economía mixta descentralizada que logró crecer a un ritmo altamente sostenido, generar empresas fuertemente competitivas y

---

[220] El Plan de desarrollo económico y social, elaborado y seguido por la Comisaría General del Plan, en la que serví cinco años en los años 70, en calidad de encargado de misión.

financiar un amplio sistema de protección social [221]. A mi ver, aquel sistema de economía mixta descentralizada es el que más se aproxima de lo que muchos economistas en la isla tienen en la mente para Cuba, es decir: un sector público, no mercantil, dirigido a la satisfacción de las necesidades básicas de la población (educación, salud, etc.), un sector público y semipúblico de carácter industrial y comercial, capaz de satisfacer los requisitos del país en determinadas áreas estratégicas (energía, transporte y comunicaciones, etc.) y un sector privado y cooperativo dirigido al consumo y a los servicios (agricultura, industria, comercio y servicios), el todo supervisado y orientado por el Estado. Entre las lecciones más significativas de aquella experiencia para la problemática cubana son: (a) que las empresas estatales o mixtas puedan alcanzar niveles de eficiencia y de competitividad iguales o superiores a los que realizan empresas puramente privadas [222] y (b) que el control y la gestión de la economía nacional no dependan de la forma de la propiedad sino de los modos de regulación que maneja el Estado [223]. Además, hay que recalcar el papel central

---

[221] Los economistas franceses usan el calificativo de las "treinta gloriosas" para caracterizar aquel periodo de la posguerra durante el cual el ritmo de crecimiento fue en promedio de 5 % al año y en el cual se logró alcanzar el pleno empleo de la población activa.

[222] Existe un cliché ampliamente promovido por los círculos neoliberales - hostiles por definición a la intervención del Estado en la economía - según el cual las empresas estatales o mixtas no serian por naturaleza eficientes y competitivas. Aquel cliché es totalmente falso, como lo muestra la experiencia francesa, la cual generó en todos los sectores de actividad empresas públicas altamente eficientes y competitivas, antes de que se les privatice en la onda de reformas neoliberales que las azotaron a partir de los años 1980 (EDF, GDF, Total, France Telecom, Renault, Air France, etc.).

[223] Existe en la visión y en la práctica marxista-leninista la idea

del Estado como proveedor y administrador del servicio público, lo que por muchos años constituyó su característica principal en Francia y lo que continuará sin duda siéndolo en Cuba [224].

Algunos podrían objetar que aquella experiencia tiene apenas hoy un interés histórico porque Francia, al igual que la inmensa mayoría de los países del mundo, desde entonces se ha sumergido en el capitalismo mundializado y ha ido perdiendo el control de su propia economía. Si bien lo último es cierto, no significa por ello que Cuba deba seguir el mismo camino ni bajar los brazos antes la expansión del capitalismo salvaje a escala planetaria. Es verdad que los Estados - entre los cuales está el francés - han ido perdiendo su papel rector y protector con la liberalización descontrolada de los intercambios comerciales y de los movimientos de capitales. Las economías se han transnacionalizado, las unidades de producción se han relocalizado y los sistemas de protección social se están disolviendo [225]. Este proceso

---

preconcebida según la cual sólo la posesión por el Estado de los medios de producción puede garantizar que la economía se maneje de conformidad con las aspiraciones de la colectividad. Esta idea es igualmente falsa, como lo muestra también la experiencia francesa, la cual recurrió a numerosos instrumentos para controlar las empresas y orientar la economía sin pasar necesariamente por la propiedad del capital o un control de tipo accionarial (subvenciones, incentivos fiscales, políticas crediticias, etc.).

[224] Los servicios públicos desempeñan un papel fundamental para la colectividad, porque ofrecen a todos, sobre una base igualitaria, acceso a servicios esenciales como la salud y la educación, pero igualmente acceso al transporte, a las comunicaciones y a muchos otros (los cuales solo serian accesibles a una fracción de la población, si fuesen administrados sobre una base puramente lucrativa).

[225] Ver: Ariel Francais, *"El crepúsculo del Estado-Nación, una interpretación histórica en el contexto de la globalización"*, Documento de

- promovido por las propias "élites" nacionales, que sueñan transformarse en una nueva oligarquía planetaria [226] - ha llevado a la pérdida de control de las economías nacionales, a la regresión del concepto mismo de servicio público y a la privatización de la mayor parte de los servicios a la población. Si sigue firme en su proyecto revolucionario y socialista, Cuba no tiene ninguna necesidad de abrir sus fronteras desconsideradamente al capital extranjero ni de alinearse sobre el proceso de privatización y de desregulación generalizado que se ha dado en el mundo a partir de los años ochenta. Todavía menos necesidad tiene Cuba de someterse a la ideología neoliberal, que ha permeado todos los círculos dirigentes en el mundo y hasta los de la propia social-democracia.

Por lo tanto, el principal riesgo que se enfrenta en cuanto a la transformación del modo de administración de la económica en el contexto de la mundialización imperante es el de perder el control sobre la economía nacional, riesgo que los dirigentes cubanos siempre deberán tener en mente al avanzar en el camino de la apertura y de la descentralización económica. Dicho de otra manera, la apertura y la descentralización - necesarios a la dinamización de la economía cubana - no deben ser sinónimos de alineamiento con la ideología neoliberal ni de abandono de las herramientas

---

debate No 47 del programa MOST, UNESCO (www.unesco.org/most), Paris, 2000.

[226] He desarrollado aquel concepto en el capítulo 5, "L'empire virtuel" (El imperio virtual), de mi ensayo titulado " *Islam radical et nouvel ordre impérial, la menace totalitaire"* (Islam radical y nuevo orden imperial, la amenaza totalitaria), L' Harmattan, Paris, 2007.

de control de la economía nacional. Sin embargo, Cuba no podrá conservar el control de su propia economía si no combate al mismo tiempo la desregulación sistémica que impera a nivel del planeta. Por lo tanto, Cuba deberá navegar en este nuevo universo asegurándose no solamente del propio control de su economía sino también, de la creación de un verdadero marco de regulación de la economía mundial. Los dos son inseparables, porque Cuba no podrá mantener su independencia ni controlar su economía si no contribuye por otra parte a la edificación de un sistema económico mundial más justo y equitativo, donde el comportamiento de los grandes grupos económicos trasnacionales será dominado y donde las transacciones financieras de la nueva oligarquía cosmopolita serán controladas.

La edificación de una sociedad libre y tolerante constituye el segundo gran reto que se le presenta a Cuba, pues es en esta área que se concentran las críticas más acerbas hacia el régimen cubano y es también en la que muchas aspiraciones quedan por realizarse. Este terreno es sumamente sensible y controversial, ya que las críticas hacia Cuba en este aspecto han sido permanentes, más allá de su confrontación con el imperio cercano y de los intentos por parte de este de derribar al régimen revolucionario. Antes de que me caigan encima los anatemas debo recalcar que no considero a Cuba como una "dictadura" sino como una "democracia", aunque difícilmente puedo descartar el termino de "totalitario" para describir algunos rasgos de su sistema político, por lo que debo añadir algunas explicaciones.

Cuba no es una "dictadura" porque el país no está dirigido por un dictador, o sea un dirigente dotado de todos los poderes y que los ejerce de manera arbitraria y sin control [227]. El jefe del Estado y jefe del gobierno, Fidel Castro Ruz, quien adquirió una legitimidad histórica con la Revolución también debió su legitimidad a la constitución y a la voluntad del pueblo cubano, por ser un diputado electo por la base y un dirigente designado por la Asamblea Nacional del Poder Popular, el órgano que "representa y expresa la voluntad soberana de todo el pueblo" (artículos 69 y 75 de la constitución). Tampoco ejerció él el poder de manera arbitraria y sin control, pues todas las atribuciones del presidente del Consejo de Estado y jefe de gobierno eran detalladamente descritas y delimitadas en la constitución (artículo 93 de la constitución). Además, el Consejo de Estado, presidido por él, tenía un carácter "colegiado" (artículo 89 de la constitución) y de hecho las decisiones que emanaban de él lo eran. Lo mismo ocurrió cuando Raúl Castro Ruz asumió a su vez el cargo de jefe del Estado y del gobierno de Cuba. O sea que nada en el contenido de la constitución y en el funcionamiento de las instituciones podría de una forma u otra validar el uso del calificativo dictadura.

Por otra parte, Cuba es sin duda y a mi ver una "democracia" auténtica, es decir, según la famosa

---

[227] Aunque el término sea el objeto de varias definiciones y de muchas confusiones, retendré aquí la definición del diccionario Larousse que califica de dictador, en el sentido moderno de la palabra, un dirigente que se apoderó del poder y que gobierna arbitrariamente y sin control democrático.

fórmula de Abraham Lincoln, igualmente inscrita en la constitución francesa y que comparto personalmente: un "gobierno del pueblo, por el pueblo y para el pueblo" [228]. Los Estados Unidos, que se presentan hoy como el campeón de la democracia, acusan a Cuba de no respetar las reglas democráticas por no admitir el bipartidismo y la alternancia al poder. Sin embargo, el bipartidismo y la alternancia en los Estados Unidos solo esconden la permanencia en el poder de una y sola clase dirigente bajo formas y sensibilidades diferentes. Además, la capacidad del pueblo norteamericano de auto gobernarse y de determinar libremente su futuro es sumamente reducida por el control ideológico y el condicionamiento psicológico a los que esta población es sometida [229]. Los demás países occidentales, que también critican a Cuba, no son tampoco modelos de democracia, aunque no impere tan claramente en ellos la dominación de una sola clase dirigente. La democracia representativa y el multipartidismo son sin duda conquistas democráticas pero estas son cada vez menos ejercidas con la plena participación y para el beneficio exclusivo del pueblo. Las democracias occidentales sufren hoy de un distanciamiento creciente de la "clase política" en relación al pueblo y de una desafección cada día mayor de la gente para la vida política.

Sin estar exenta de críticas y sin pretender ser el

---

[228] Algo de la que no puede actualmente enorgullecerse los Estados Unidos, país en el cual el poder ha sido confiscado por una clase dirigente que lo ejerce para su beneficio exclusivo.

[229] Ver capitulo 7 "Les rouages de la soumission" (Los engranajes de la sumisión) en Ariel Français, *Islam radical et nouvel odre impérial*, Ibid.

único modelo de expresión democrática, la llamada democracia participativa en Cuba ofrece al pueblo y a los ciudadanos cubanos múltiples posibilidades de contribuir personalmente a la vida política de la nación y a la resolución de sus propios problemas. Como en las democracias occidentales los ciudadanos eligen sus mandatarios con voto secreto y directo: eligen cada dos años y medio a los delegados de los Consejos Municipales del Poder Popular, cada cinco años a los delegados de los Consejos Provinciales del Poder Popular e igualmente cada cinco años a los diputados de la Asamblea Nacional del Poder Popular. Además, los referidos delegados también forman Consejos Populares a nivel local, dirigidos a conocer y resolver los problemas locales con la participación de la población. La Asamblea Nacional es el órgano supremo del poder del Estado. Vota las leyes y elige entre sus miembros al Consejo de Estado, el cual nombra y supervisa al gobierno [230]. No hay una estricta separación de los poderes - lo que en percepción de Montesquieu [231] sería una tara inaceptable para una democracia - pero sí hay, a todos los niveles, posibilidad de destituir en cada momento a los mandatarios de sus funciones y puede exigirse la rendición de cuentas por parte de ellos. Además, y en la práctica política, hay una voluntad por parte del gobierno y de los dirigentes cubanos de asociar sistemáticamente a la población y a los ciudadanos a las grandes decisiones políticas, económicas y sociales, por el canal de amplias

---

[230] Los críticos del régimen pretenden sin embargo que la función deliberativa de la Asamblea nacional es muy limitada y que su papel sería apenas de aprobar leyes y no de discutirlas.
[231] Montesquieu, *"De l'esprit des lois"* (Del espirito de las leyes), 1748.

consultaciones y de debates en todas las entidades del país. Por lo tanto, la democracia cubana no es necesariamente la mejor en el mundo pero sí existe como medio de expresión y de gobierno del pueblo.

Sin embargo, en su forma actual, a mi juicio, el régimen cubano no deja de ser, en diversos aspectos, "totalitario". Como el concepto de totalitarismo es todavía más ambiguo y controvertido que el de dictadura, no me atreveré a referirme a una cualquier definición, sino al análisis que Edgar Morin hizo unos treinta años atrás del sistema soviético [232]. Edgar Morin, ex militante del partido comunista francés, sociólogo y filosofo reputado, ha hecho a mi modo de ver la más acerba critica de la cara socio-política del "socialismo real": un sistema en el que las aspiraciones revolucionarias y el poder que emanó de ellas han sido captados y confiscados por un partido único y su aparato, que no admite cualquier iniciativa o contestación fuera de él y de la ideología oficial. Ahora bien, Cuba no es la Unión Soviética, y el camino que llevó al Partido Comunista de Cuba (PCC) a asumir la totalidad del poder y a cubrir la integralidad del espacio político es bien diferente del que tomó el Partido Comunista de la Unión Soviética (PCUS). Sin embargo, y aunque el camino no fuera el mismo, Cuba aterrizó en un campo idéntico al de la Unión Soviética: un campo político en el cual existe un solo partido - marxista-leninista - y que se confunde con el aparato

---

[232] Edgar Morin, *"De la nature de l'URSS: Complexe totalitaire et nouvel Empire"* (De la naturaleza de la URSS, Complejo totalitario y nuevo Imperio), Fayard, Paris 1983.

de Estado. En julio de 1961 el M 26 [233] y las formaciones opuestas a la dictadura de Batista [234] habían fusionado en la llamada Organización Revolucionaria Integrada (ORI), la cual se transformó en marzo de 1962 en el Partido Unificado de la Revolución Socialista Cubana (PURSC), el cual mutó en octubre de 1965 en el Partido Comunista de Cuba (PCC), reflejando de esta forma la total integración de Cuba en el espacio geopolítico del llamado campo socialista.

En consonancia con aquella integración, el "Partido" consolidó su posición única y exclusiva en el espacio político e institucional de la isla, hasta asimilarse al propio Estado [235]. Progresivamente también, y por ósmosis, el acercamiento con la Unión Soviética contribuyó a generar un partido muy similar en su forma y en su manera de ser. De hecho, el Partido monopolizaba en Cuba todo el espacio político, controlaba toda la maquinaria institucional e imponía un único pensamiento, el del Partido-Estado. Cierto, había en aquel partido características que no lo asimilaban a un partido marxista-leninista puro y duro. Su cúpula dirigente, comenzando por su primer secretario y por el segundo, Fidel y Raúl Castro, tenía una legitimidad histórica y revolucionaria que no podía asimilarse a la de un grupo de *apparatchikis* llegados al

---

[233] Movimiento del 26 de Julio, liderado por Fidel Castro.

[234] Incluyendo el Partido Socialista Popular (PSP) de obediencia comunista.

[235] Aunque no deliberado, al principio este proceso fue de toda evidencia promovido y reforzado por el propio Fidel Casto, a medida que se incrementó la confrontación con los Estados Unidos y que apareció la necesidad de anclar Cuba al llamado campo socialista.

poder después de salvajes luchas intestinas. Su filosofía no era exclusivamente marxista-leninista, sino también "martiana" y nacionalista, como lo recalca la propia constitución cubana [236]. Además, casi todos los responsables, políticos y administrativos de la isla eran miembro del "Partido" [237] y había en el propio partido varias corrientes y sensibilidades que, aunque no pudieran expresarse públicamente, existían de hecho. No obstante, el Partido ocupaba todo el espacio político y no admitía divergencias de vista o de opinión fuera de la línea oficial. Como resultado de aquella forma de intolerancia, cualquier idea o gesto contrario al evangelio del Partido eran reprimidos, como lo vimos, por los aparatos ideológico, policial y judicial.

¿Cómo hacer para que Cuba se dirija hacia una sociedad más libre y tolerante, sin caer en las trampas de la contrarrevolución y de sus aliados norteamericanos? Si tal es, como lo pienso, el propio deseo del pueblo cubano habría en primer lugar que disociar el partido del Estado, como se institucionalizó en muchos países la separación de la iglesia y del Estado. El Estado no sería más la prolongación institucional del Partido sino la proyección organizada

---

[236] La constitución de la República de Cuba se refiere en su preámbulo al anhelo de José Martí: "Yo quiero que la ley primera de nuestra República sea el culto de los cubanos a la dignidad plena del hombre" y especifica en su artículo 5o que "El Partido Comunista de Cuba, martiano y marxista-leninista, vanguardia organizada de la nación cubana, es la fuerza dirigente superior de la sociedad y del Estado".

[237] Me llamaba mucho la atención de que siempre se reclamaban del "Partido", sin añadir "Comunista", por lo que "ser del partido" era mucho más considerarse como revolucionario y nacionalista que como comunista puro y duro.

de la sociedad cubana, recobrando su neutralidad al servicio de todos. En segundo lugar, habría que liberalizar el debate político e ideológico, dentro del partido y fuera del partido, garantizando a todos la libertad de opinión y de expresión, incluso si esta llega a cuestionar principios históricos del proceso revolucionario. No habría razones para impedir tal debate si el consenso a favor de la Revolución es real en el país. En tercer lugar, podrían imaginarse nuevas formas de expresión política que no pasen por "el" partido o por "los" partidos. El multipartidismo no es necesariamente, como lo indiqué, la única o la mejor forma de participación ciudadana en la vida política. El partido único, por otra parte, tiende a monopolizar la expresión ciudadana dejando poco espacio - o ningún espacio - a la diversidad y al debate.

Sería posible, no solamente en Cuba, sino en el resto del mundo, pensar en otras formas de expresión y de organización de la vida política, como por ejemplo la participación de asociaciones, clubes, proyectos, coaliciones y otras formas de agrupación a la vida política. Hasta podría imaginarse sustituir tales formas de agrupación y de expresión a la vieja maquinaria de los partidos, los cuales tienden, a menudo, a reforzar su propio poder y visiones partidarias en vez de ser los canales de expresión de las aspiraciones populares. Es necesario pasar de modos de organización de la vida política, económica y social verticales a modos más horizontales basados en la comunicación y la participación, no solamente en Cuba sino en el mundo entero. Se está acabando el tiempo de los ejércitos, de las administraciones y de las empresas piramidales y se está esbozando con Internet, con los nuevos medios de comunicación y con las redes sociales un mundo más convival y participativo que todavía queda por definir. Ya se esbozaron pistas hacia aquel nuevo mundo y aquella nueva democracia en las dos obras magistrales de Michael Hardt y Antonio Negri: *Imperio* y *Multitud* [238].

La resolución de las dos grandes cuestiones que mencioné al principio de este capítulo - a saber la restructuración del modelo económico cubano y la edificación de una sociedad libre y tolerante - dependerá mucho del posicionamiento de los principales actores políticos, económicos y sociales en el país. Fuera de dos hipótesis extremas - la de una intervención militar estadounidense en la isla y la de una explosión política y social interna - ambas de poca probabilidad en el contexto actual pero que no pueden descartarse totalmente - las posibilidades de cambio en las esferas política y económica dependerán sobre todo, a mi juicio, de los actores y de factores internos. Como lo mencioné en varias partes de este libro, hay muchas expectativas de cambio en toda la sociedad cubana. La gente no quiere más vivir en condiciones de penuria: quiere poder alimentarse, asearse, vestirse y gozar de los bienes de consumo elementales que cada hogar tiene en cualquier otro país. La gente también aspira a mas libertad individual: poder viajar sin restricciones al exterior, poder hacerse una opinión de lo que se dice fuera y dentro del país, emitir ideas y propuestas ajenas

---

[238] Michael Hardt y Antonio Negri: *"Imperio"* (2000) y *"Multitud"* (2005), publicados por varias editoras.

de la ideología oficial y hasta criticar, con el propósito de mejorar, las políticas y las medidas internas. Los intelectuales en particular, incluyendo el mundo académico, los investigadores - como en el caso del CEA- , los escritores y los artistas en vuelta de la UNEAC, los contribuyentes a revistas criticas como *Temas* y personalidades como Ernesto Guevara en el medio del cine, aspiran todos a una sociedad más libre y abierta, sin cuestionar no obstante los fundamentos de la Revolución. Por otra parte, y como lo vimos, hay varios sectores del partido, del aparato de Estado y de la sociedad que son hostiles al propio cambio. Son en particular los ideólogos y los *apparatchikis* del Partido, la alta burocracia y la *nomenklatura* en general, incluyendo los responsables del aparato represivo y judicial, todos apegados de una forma u otra al orden establecido. Temen que un proceso de cambio desencadene una desestabilización del orden interno, que provoque un resurgimiento del capitalismo en la isla, que genere nuevas disparidades dentro de la sociedad y que afecte los privilegios de los beneficiados por el sistema.

Sin embargo, no será posible posponer eternamente el proceso de cambio en Cuba. En primer lugar porque se generan frustraciones y descontentos que se acumulan y que de una forma u otra obligarán a los actores políticos, económicos y sociales a tomar iniciativas para salir del callejón sin salida actual. Y en segundo lugar, porque la situación actual será necesariamente afectada por la transición entre generaciones, como lo recalqué al principio de este libro. Esta transición ya ha comenzado mientras acabo de escribir estas memorias, pues Fidel Castro tuvo la inteligencia y la sabiduría de renunciar a todos sus cargos al mando del Estado después de que fuera afectado en julio de 2006 por su mal estado de salud [239]. Raúl Castro tomó su relevo, como lo preveía la constitución, antes de ser designado por la Asamblea Nacional, en febrero de 2008, como nuevo jefe del Estado y del gobierno cubano [240]. Constituyó nuevos equipos, apartando a personalidades como Carlos Lage y Felipe Pérez Roque, y nombrando a nuevos responsables, muchos provenientes de las fuerzas armadas. Con la llegada de Raúl Castro se tomaron varias medidas, como las de permitir la compra de ordenadores o de teléfonos móviles por particulares o, en el área de la economía, como las de repartir tierras ociosas a los campesinos o de ampliar la esfera de la iniciativa privada. Sin embargo, los mayores cambios habrán de ocurrir en el campo de la gestión económica, como resultado de los lineamentos adoptados en abril de 2011 por el VI Congreso del PCC [241].

---

[239] Fue como se sabe operado de emergencia en julio de 2006, debido a una grave hemorragia intestinal de la cual casi murió, y no volvió a ejercer funciones desde aquel mes, dedicándose únicamente, a restablecerse, a la publicación de reflexiones sobre los grandes problemas de la humanidad. Sin embargo, aquel incidente de salud no fue el primero pues en el año 1996, cuando estaba yo en Cuba, ya había quedado Fidel varios meses alejado debido a problemas de salud (hasta hoy no se sabe lo que tuvo).

[240] Asumiendo además, desde abril del 2011, el cargo de primer secretario del Partido Comunista de Cuba (PCC).

[241] Lineamientos de la Política Económica y social de Cuba. Bajo el concepto de "actualización del modelo" los lineamientos apuntan hacia la descentralización y la desestatización de la economía, la ampliación de la iniciativa privada y un mayor uso de los instrumentos de la economía de mercado para gestionar las políticas macroeconómicas y las medidas microeconómicas.

No obstante, aquellos cambios en la cúpula del Estado y en la gestión de la economía, aunque significativos e importantes para el futuro de la isla, no resolverán en lo fundamental la cuestión de la transición política entre generaciones. Llegará pronto el momento en que será necesario que nuevos líderes de la siguiente generación asuman posiciones de primer plano. Se planteará - lo deseo personalmente - la cuestión de la rehabilitación de aquellos que fueron por diversos motivos apartados del poder, a pesar de su dedicación a los ideales de la Revolución [242]. Surgirán - es deseable para el país - nuevas figuras animadas por la voluntad de preservar los logros de la Revolución y de transformar el modelo económico imperante, promoviendo al mismo tiempo una cultura de apertura y de tolerancia. Aquel cambio de liderazgo es imperativo para que la revolución cubana tome un nuevo aliento y se encamine hacia formas que respondan más a las aspiraciones presentes del pueblo. Fue demasiado aplazado por la persistencia en el poder de la generación que hizo la revolución y que debería entender que, a pesar de su papel histórico, es tiempo de entregar a las generaciones que siguen las riendas del gobierno. Si no lo hace, se corre el riesgo de que las nuevas generaciones se deshagan de la propia Revolución con todo lo que ella logró, tirando al caño al bebé junto con el agua sucia del baño.

Esta transición supone por otro lado que el acoso

---

[242] Pienso en aquellos que fueron injustamente separados de sus funciones como, a mí juicio, Roberto Robaina, en mayo de 1999, y posteriormente Carlos Lage y Felipe Pérez Roque, en marzo de 2009.

hacia Cuba disminuya por parte de los Estados Unidos. La desaparición biológicamente programada de la generación contrarrevolucionaria instalada en Miami facilitará sin duda alguna tal propósito. No obstante, la maquinaria de agresión gravada en las leyes Torricelli y Helms-Burton y los afanes de dominación de la clase dirigente norteamericana - los neoconservadores en particular - continuarán obstaculizando la necesaria distensión de las relaciones entre los dos Estados. Hay que esperar que llegue el día en el que los dirigentes estadounidenses tengan la inteligencia de voltear completamente la página de la guerra fría y de restablecer con Cuba relaciones de amistad y de cooperación. Lo deseo con ardor para el pueblo cubano, como lo desean igualmente todos los que aman a aquella isla.

Mérida, Yucatán, México,
1° de marzo de 2012

A mis ex colegas y amigos

Quisiera recordar aquí a todos los colegas, colaboradores y amigos que me acompañaron en Cuba durante toda mi misión, por haberme ayudado a entender lo que pasaba en la isla, haberme apoyado en mi labor cotidiana y haberme manifestado su amistad.

Me refiero aquí a los embajadores y jefes de misión quienes compartieron conmigo sus análisis y sus dudas, así como su amistad cuando nos encontrábamos en recepciones oficiales o en reuniones privadas, sin olvidar a las esposas de los que eran casados. Me refiero en primer lugar a los embajadores de Francia - Jean-Raphael Dufour y posteriormente Yvon Roé d'Albert - y al embajador de Austria - Yuri Standenat - países de los cuales yo y mi esposa somos nacionales. Debo también mencionar a los embajadores de los demás países europeos con los cuales entreteníamos lazos muy cordiales, en particular al embajador de Alemania - Georg Trefftz - al de Bélgica - Herman Portocarero - al de los Países Bajos - Eldred Maduro Willems - al de Suecia - Michael Fruhling - a los de Suiza - Harald Borner y posteriormente Peter Friederich - y al del Reino Unido - Philip Mclean - sin olvidar al encargado de Negocio de Polonia - Slavomir Klimkiewicz - y al embajador de Rusia - Arnold Kalinin. Debo por otra parte mencionar al embajador de

Argelia - Abderrahmane Lahlou - y al embajador de Turquía - Aykut Berk, tanbien muy buenos amigos. Me refiero por otro lado al embajador de Canadá - Mark Entwistle - y al jefe de la *sección de intereses* de los Estados Unidos - Michael Kozak - sin olvidar a la embajadora de Argentina - Susana Grane - y al embajador del Brasil - José Nogueira Filho, con quienes teníamos relaciones muy cordiales. Debo por otra parte mencionar al embajador de China - Liu Peigen - y al de India - Rajendra Singh Rathore - quienes siempre nos trataron con la mayor cortesía. Me refiero por fin al decano del cuerpo diplomático y embajador de Palestina - Imad Jada'a - así como al nuncio apostólico - Mons. Beniamino Stella, con los cuales teníamos relaciones muy especiales.

Me refiero también aquí a los colegas del sistema de las Naciones Unidas que integraron mi "country *team*" [243] durante los cinco años de mi misión en Cuba, todos excelentes colegas y muchos de ellos, así como sus esposas, amigos muy íntimos. Me refiero por una parte a los directores y responsables de programas vinculados a las Naciones Unidas *stricto sensu*, señaladamente: los directores de programa residentes del UNICEF - Luis Zúñiga y, posteriormente, Alfredo Missair - los directores del PMA - Giuseppe Lubatti y, posteriormente, German Valdivia - el Director del FNUAP - Rainer Rosenbaum - y los representantes adjuntos del PNUD - Martín Santiago, seguido por Jessica Faieta, principalmente. Me refiero por otra parte a los representantes de las instituciones especializadas,

---

[243] El "equipo de país" en español.

señaladamente : los representantes de la FAO - Augusto Simoes y posteriormente Fernando Robayo - a los representantes de la UNESCO - Hernán Crespo y posteriormente Gloria López Morales - y a los representantes de la OMS/OPS - Miguel Márquez seguido, por Patricio Yépez.

Debo por otra parte mencionar a mis colaboradores directos, todos cubanos y todos muy queridos. Me refiero señaladamente a los oficiales de programa de mi oficina: Ana María Gudz, Jafet Enríquez y Alfredo Marty para el PNUD, Alfonso Farnos para el FNUAP y Florentino Chacón para la ONUDI. Debo también mencionar a los Oficiales de enlace del ACNUR: María Neira y Alberto Aragón. Me refiero igualmente a mi oficial de información: Alberto D. Pérez. Y me refiero finalmente a los oficiales administrativo - Lourdes Cárdenas - y de finanzas - Raquel Bernaza - así como a todo el personal de secretariado y de apoyo. Merecen aquí una mención especial mi propia secretaria - María del Carmen Babe, alias *Lili* - y mi propio chofer - Joaquín Fernández - que me apoyaron día y noche durante toda mi estancia en Cuba.

Debo finalmente agradecer al personal de servicio quien nos apoyó en nuestra residencia a lo largo de nuestros cinco años en la isla, señaladamente: a Fredesvinda Machado, alias *China*, nuestra camarista y cocinera, a Martín Acosta, nuestro jardinero, sin olvidar a Ramón Enseñat y a su "brigada" de camareros.

Siglas y acrónimos

Naciones Unidas

ACNUR - Alto Comisariato de las Naciones Unidas para los Refugiados

AIEA - Agencia Internacional para la Energía Atómica

CEPAL - Comisión Económica y Social para la América Latina (ONU)

ECOSOC - Consejo Económico y Social (ONU)

CNUCED- Conferencia de las Naciones Unidas para el Comercio y el Desarrollo

FAO - Organización de las Naciones Unidas para la Alimentación y la Agricultura

FNUAP - Fundo de Población de las Naciones Unidas

HABITAT – Centro de las Naciones Unidas para los Asentamientos Humanos

OACI - Organización para la Aviación Civil Internacional

OMI - Organización Marítima Internacional

OMM - Organización Meteorológica Mundial

OMS - Organización Mundial de la Salud

ONU - Organización de las Naciones Unidas

ONUDI - Organización de las Naciones Unidas para el Desarrollo Industrial

OPS - Organización Panamericana de la Salud

PMA - Programa Mundial de Alimentos

PNUD - Programa de las Naciones Unidas para el

Desarrollo

UNESCO - Organización de las Naciones Unidas para la Educación, la Ciencia y la Cultura

UNICEF - Fundo de las Naciones Unidas para la Infancia

UNIFEM - Fundo de las Naciones Unidas para las Mujeres

UNOPS - Oficina de las Naciones Unidas para los Servicios a los Programas

Gobierno cubano

MININT - Ministerio del Interior

MINREX - Ministerio de Relaciones Exteriores

MINVEC - Ministerio de la Inversión Extranjera y de la Colaboración Económica

Otros organismos

CAME - Consejo de Ayuda Mutua Económica

ONG - Organización no gubernamental

Anexos

EL SECRETARIO GENERAL

24 de agosto de 1994

Excelentísimo Señor:

Con el consentimiento del Gobierno de Vuestra Excelencia, y tras haber celebrado consultas con los jefes de las diversas organizaciones del sistema de las Naciones Unidas, tengo a honra designar al Sr. Ariel Français como Coordinador Residente de las actividades operacionales del sistema de las Naciones Unidas para el desarrollo en la República de Cuba. Las funciones del Coordinador Residente se describen en el párrafo 34 del anexo a la resolución 32/197 de la Asamblea General, del 20 de diciembre de 1977, en el cual se prevén disposiciones encaminadas a establecer una mejor coordinación de las actividades operacionales para el desarrollo que el sistema de las Naciones Unidas lleve a cabo en cada país.

Sobre la base de dichas disposiciones, el Sr. Français, actuando en nombre del sistema de las Naciones Unidas, tendrá la responsabilidad general y ejercerá la labor de dirección en lo tocante a las actividades operacionales para el desarrollo en la República de Cuba. El Sr. Français será responsable ante mí del desempeño de sus funciones, que se llevarán a cabo de conformidad con el orden de prioridades establecido por las autoridades nacionales competentes de la República de Cuba.

Estos arreglos no afectan a las relaciones entre el Gobierno de Vuestra Excelencia y las distintas organizaciones del sistema de las Naciones Unidas, ni tampoco a las líneas directas de autoridad y comunicación existentes entre los representantes de dichas organizaciones a nivel nacional y sus propios jefes ejecutivos.

Excelentísimo Señor
Roberto Robaina González
Ministro de Relaciones Exteriores de
    la República de Cuba
La Habana

Se agradecerá que el Gobierno de Vuestra Excelencia mantenga al Coordinador Residente al corriente de los asuntos atingentes al desempeño de sus funciones, a efectos de garantizar la mejor coordinación posible de las actividades operacionales del sistema.

Además de lo que antecede, el Administrador del Programa de las Naciones Unidas para el Desarrollo (PNUD), con el consentimiento del Gobierno de Vuestra Excelencia y en cumplimiento del acuerdo pertinente entre el PNUD y el Gobierno de Vuestra Excelencia, ha nombrado Representante Residente del PNUD al Sr. Français. Asimismo, se le ha nombrado Representante del Programa Mundial de Alimentos (PMA) y Representante del Fondo de Población de las Naciones Unidas (FNUAP). El Sr. Français será directamente responsable ante el Administrador y ante el Director Ejecutivo del PMA y el Director Ejecutivo del FNUAP, y también ante los jefes de las organizaciones que utilicen los servicios del Representante Residente del PNUD como su representante sobre el terreno, en todos los asuntos relacionados con sus actividades respectivas.

Animado por las intenciones de la Asamblea General, tengo a honra invitar a Vuestra Excelencia a que disponga lo necesario para que el Sr. Français, en el desempeño de sus funciones, cuente con la cooperación de las autoridades competentes de la República de Cuba. Confío en que esta designación sirva para fortalecer la colaboración entre el Gobierno de Vuestra Excelencia y las organizaciones del sistema de las Naciones Unidas que participan en actividades operacionales para el desarrollo en la República de Cuba.

Me valgo de la oportunidad para reiterar a Vuestra Excelencia las seguridades de mi consideración más alta y distinguida.

Boutros Boutros-Ghali

POR UN MUNDO
DE PAZ, JUSTICIA
Y DIGNIDAD

Para el Señor
Ariel Français,
con profundo res-
peto y aprecio.

Fidel Castro

abril 7, 97

*El Ministro de las
Fuerzas Armadas Revolucionarias*

Ciudad de La Habana, 1 de diciembre de 1998
*"AÑO DEL 40 ANIVERSARIO DE LAS BATALLAS
DECISIVAS DE LA GUERRA DE LIBERACION"*

RECEIVED	09 DIC 1998
REGISTER	-
FILE	UN-20
ACTION	AF/JF/AH
SEE ME	
INFORMATION	
BRING UP	
FILING	
ACTION COMPLETED	

Sr. Ariel Francais
*Representante Residente del Programa
de las Naciones Unidas para el Desarrollo*
La Habana
PRESENTE

Estimado Sr. Francais:

Le agradezco el informe que usted ha tenido a bien hacerme llegar sobre la cooperación entre Cuba y los organismos del Sistema de las Naciones Unidas durante los últimos veinte años.

Tengo la seguridad de que la misma ha sido fructífera y ha contribuido no sólo a actividades económicas que el país ha requerido en determinados momentos, sino también a conocernos mejor y a crear las condiciones para que dicha colaboración se amplíe y se dirija cada vez más a los sectores que el país necesita, los que se reflejan sistemáticamente en el Programa Nacional de Cuba.

Creo que el nivel de intercambios que usted, en su calidad de Representante Residente del PNUD y de las actividades operacionales para el desarrollo de las Naciones Unidas, ha logrado con el Ministerio para la Inversión Extranjera y la Colaboración Económica, organismo rector de esta actividad en Cuba, y con los organismos de la administración central del Estado que se han visto beneficiados con proyectos y programas de cooperación, es mutuamente beneficioso.

Le reitero el testimonio de mi mas alta consideración.

Raúl Castro Ruz
GENERAL DE EJERCITO

11-08-99 10:02   ☎ 335012   🖨 001

VICEPRESIDENTE
CONSEJO DE MINISTROS   1 2 AOUT 1999

Ciudad de La Habana, 10 de agosto de 1999

Sr. Ariel Français
Coordinador Residente de Naciones Unidas

Estimado señor Français:

Agradezco   los sentimientos y expresiones de aprecio hacia mí persona y
sobre todo respecto a Cuba, manifestados por usted a través de su carta
de despedida.

Usted Sr. Français, ha sido durante 5 años, testigo excepcional del singular
combate que libra nuestro pueblo por mantener su soberanía, por seguir
siendo digno de sus tradiciones patrióticas, por vencer los obstáculos que
se oponen a la aplicación del programa estatal de desarrollo social
tendente a la elevación permanente del nivel de vida de la sociedad
cubana.

Estoy seguro que en su nueva misión en Túnez, también logrará resultados
satisfactorios, porque es lo que se corresponde con sus cualidades
personales.

Déle a conocer a su esposa Mónika mis respetos y consideraciones.

Le envío un fraterno saludo y el deseo de éxitos en el trabajo y en su vida
personal.

J. R. Fernández

mjr

www.ingramcontent.com/pod-product-compliance
Lightning Source LLC
Chambersburg PA
CBHW070000300526
45794CB00001B/126